-壇經은 우리 사상을 담(橝)은 선어록(禪語錄)

昔典本 六祖檀經

昔典禪師 譯解

불교문예

工夫人에게

本 譯書(敦煌本 六祖檀經)는

大丈夫가 보아야 할 일이며,

小人輩는 당장 冊張을 덮어라.

工夫하는 後來人이 보아야 할 일이니,

工夫人이라면 능히 願하는 바를 成就하리라.

庚子年 冬安居 昔 典 合掌.

|차례|

■ 譯者의 말

0. 序文　　　　　　　　　　　　　　　006

1. 序言 - 머리말　　　　　　　　　　007

2. 尋師 - 스승을 찾아감　　　　　　　009

3. 命偈 - 게송을 짓게 하심　　　　　　015

4. 神秀 - 신수대사　　　　　　　　　018

5. 呈偈 - 게송을 바침　　　　　　　　025

6. 受法 - 법을 받음　　　　　　　　　030

7. 定慧 - 정(定)과 혜(慧)　　　　　　034

8. 無念 - 생각이 없음　　　　　　　　042

9. 坐禪 - 좌선　　　　　　　　　　　048

10. 三身 - 세 몸　　　　　　　　　　053

11. 四願 - 네 가지 원　　　　　　　　061

12. 懺悔 - 참회　　　　　　　　　　　065

13. 三歸 - 세 가지 귀의　　　　　　　068

14. 性空 - 성품이 빔　　　　　　　　072

15. 般若 - 반야　　　　　　　　　　　076

16. 根機 - 근기　　　　　　　　　　081

17. 見性 - 견성　　　　　　　　　　086

18. 頓悟 - 단박에 깨침　　　　　　089

19. 滅罪 - 죄를 없앰　　　　　　　095

20. 功德 - 공덕　　　　　　　　　　100

21. 西方 - 서방극락　　　　　　　　104

22. 修行 - 수행　　　　　　　　　　113

23. 行化 - 교화를 행하심　　　　　120

24. 頓修 - 단박에 닦음　　　　　　123

25. 佛行 - 부처님의 행　　　　　　131

26. 參請 - 예배하고 법을 물음　　139

27. 對法 - 상대되는 법　　　　　　145

28. 眞假 - 참됨과 거짓　　　　　　156

29. 傳偈 - 게송을 전함　　　　　　163

30. 傳統 - 법을 전한 계통　　　　170

31. 眞佛 - 참 부처님　　　　　　　173

32. 滅道 - 멸도　　　　　　　　　　181

33. 後記 - 후기　　　　　　　　　　184

0. 序文

南宗頓教 最上大乘 摩訶般若波羅蜜經

남종돈교 최상대승 마하반야바라밀경

六祖惠能大師於 韶州大梵寺施法 壇經(一卷)兼

受無相戒 弘法弟子法海集記

육조혜능대사께서 소주 대범사에서 펼치셨던 법을

단경(1권)이라 겸칭하여,

무상계를 받은 홍법제자 법해가 모아 기록하였다.

1. 序言 - 머리말

惠能大師 於大梵寺講堂中 昇高座 說摩訶般若波羅密法
受無相戒 其時座下 僧尼道俗 一萬餘人

혜능대사(638-713)가
대범사 강당의 높은 법좌(高座)에 올라
마하반야바라밀법을 설하심에,
그때 법좌 아래에서 무상계(無相戒)를 수지(受持)한 이가,
비구(比丘)와 비구니(比丘尼), 도인(道人)과 속인(俗人) 등
일만여 명이다.

韶州刺史等據 及諸官寮三十餘人 儒士餘人
同請大師說 摩訶般若波羅蜜法 刺史遂令門人僧法海集記
流行後代 與學道者 承此宗旨 遞相傳授 有所於約 以爲稟承 說此壇經[01]

소주(韶州; 廣東省 韶關市) 자사(刺史; 감찰행정관)[02] 等과

---

01) 刺 ; 剌(자)의 속자(俗字). 刺史=剌史.
　　与 ; 與의 이체자. 孝 ; 學의 속자(俗字). 旨 ; 旨의 이체자. 逓 ; 遞의 속자.
02) 刺史(감찰행정관); 사신(使臣)은 표면적인 표현, 날카로운 감찰관을 비하하여 흔
　　히 刺使라 표기하였으며, 다른 한편으로는 선불교와 연대하여 개혁적 관료집단
　　으로 평가 받는다.

함께(等據:割據:依據)하는 여러 관료(官寮=官僚) 삼십여

⁰³⁾

명과 유가(儒家)의 선비 몇몇 사람들이

대사에게 마하반야바라밀법을 설해주시기를 함께 청하였고,

자사가 마침내 문인 법해(法海)로 하여금 설법 내용을 모아

기록(記錄)하도록 하였다.

후대에 도를 배우는 사람들에게 널리 보급되어

이 종지(宗旨)를 이어받아 서로서로 전수토록

언약(言約) 한 바가 있어, 이를 주고받도록 하려고

이 단경(壇經)을 설(說)하게 되었노라.

---

03) 감찰행정반원들로 이해하자. 함께 할거(等據:割據:依據)하는 30여명의 관
   료. 윗사람 보좌하러 오신.

2. 尋師 - 스승을 찾아감

能大師言 善識 淨心 念摩訶般若波羅蜜法
大師不語 自心淨神 良久乃言 善知識淨聽.

혜능대사께서 말씀하셨다.
깨끗한 마음(淨心)을 잘 알고자 하면
마하반야바라밀법으로 생각하라.
대사께서 말씀하시지 않고,
친히 마음과 정신을 가다듬고,
잠시 묵묵하신 다음 비로소(乃) 말씀하시길,
정심(淨心)을 잘 알아야 하니라, 들리는가!

惠能慈父 本官 范陽
左降遷流南新州百姓
惠能幼小 父小早亡
老母 孤遺 移來海 艱辛貧之 於市買柴

혜능대사의 부친(慈父)은
본관이 범양(范陽; 河北省 涿州)[04]인데

---

04) 주나라의 건국공신 강태공의 11세손 강혜(姜傒; 高氏의 시조이자 盧氏의
　　시조이다)라는 인물이 제나라 盧縣에 봉해지면서 盧氏가 생겨났다. 강혜가

9

좌천(左降)되어 옮겨 내려와(遷流)

남해(南海; 廣東省)의⁰⁵⁾ 신주(新州; 新興縣) 백성이 되었다.

혜능이 아버지를 어려서 일찍 여의자,

노모(老母)와 외로운 아들(孤遺)로

南海(廣東省 佛山)에 옮겨와서

가난 때문에 고생하여 갔던 곳에는

땔나무(柴木)를 사주는(購買) 시장이 있었다.

忽有一客 買柴 遂領惠能 至於官店

客將柴去 惠能 得錢 却向門前

忽見一客 讀金剛經

惠能一聞 心名便悟 乃聞客曰 從何處來 指此經典⁰⁶⁾

제나라 16대왕 제환공 강소백(姜小白)을 제나라 왕으로 옹립한 공으로 고씨를 하사받고 또 제나라 노현(盧縣; 산성동 제남시 황하강유역)을 식읍으로 받으므로, 그 자손들이 노현의 이름자를 따서 盧氏를 세웠다. 13세손 노오(盧敖)가 진나라의 부활세력인 전화(田化)에게 영토을 빼앗겨 노씨들은 연나라(유방(劉邦)의 공신 노관盧綰 참고)로 이주하게 된다. 범양(范陽; 현제의 北京 남쪽인근 60km, 허베이성 줘저우시; 탁주시(涿县) 지역.

05) (ㄱ) 부친이 이주한 신주백성(南新州百姓), (ㄴ) 부친사후 모친과 옮겨옴(移來海), (ㄷ) 五祖弘忍과 만남에서 본인을 소개할 때(領南人新州百姓), 이상 세 부분에서 嶺(재령)이 보이지 않는다. 五祖弘忍를 떠나 죽을 고비를 넘겼던 대경령(大庚嶺)에서 嶺(재령) 글자가 보이기 시작하여, 조계산으로 돌아가기 전에 제자들의 찬탄(嶺南有福 生佛在此)에서, 영남(嶺南)이라 표기 되었다. 그 당시 남부지역 행정단위는 영남도(嶺南道)라 큰 범주인 영남으로 불렀음이 당연하겠지만, 출신배경과 이주과정, 소개할 때에 南海를 사용하였다. 본 역해자 역시, 돈황본 단경의 집필자(法海)의 의도를 존중하여, 南海와 嶺南을 구분하여 표기하였다.

06) 指 = {扌旨} = 指

10

어느덧 손님(客) 한 사람이 땔나무(柴木)를 사면서,

혜능을 거느리고 따르게 하여 관사(官舍)에 이르렀다.

손님(客)이 시목(柴木)를 가져가고,

혜능이 돈을 받고서 돌아서서 문 앞을 향하는데,

문득 손님(客)이 금강경(金剛經)을 독송하고 있었다.

혜능이 마음(應無所住而生其心)이라는 것(名)을

한 번 듣고 문득 깨쳐 그 객이 들으라고 말하기를,

어느 곳에서 오셨으며

이 경전이 가리키는 곳이 어디입니까?

客 答曰 我於蘄州黃梅 懸東

憑墓山 禮拜五祖弘忍和尙

見令 在彼 門人 有千餘衆

我於彼聽見 大師 勸道俗但特[07]

金剛經一卷 卽得見性 直了成佛

객이 대답하기를,

나는 기주(蘄州) 황매산(黃梅山, 四祖道信의 雙峯山)

동쪽 인근(30km) 빙묘산(憑墓山)에서

오조홍인(五祖弘忍)화상을 예배하였습니다.

본대로 이를테면, 그곳에서 문인 천여 명을 이끌고 계십니다.

---

07) 礼=禮

내가 그곳에서 듣고 보았는데,
대사께서 도를 닦는 이와 일반인에게
오직 특별하게 권하신 것은, 금강경(金剛經一卷)으로
곧 자성을 보아 바로 부처가 되라고 하셨습니다.

惠能 聞說 宿業有緣 便卽辭親
往黃梅憑墓山 禮拜五祖弘忍和尚

그 말을 들은 혜능은
전생(宿世)에 업연(業緣)이 있어, 곧 어머니를 하직하고
황매의 빙묘산으로 가서 오조 홍인화상께 예배하였다.

弘忍和尚 問惠能曰
汝何方人 來此山 禮拜吾
汝今向吾邊 復求何物

홍인화상께서 혜능에게 묻기를,
너는 어느 곳 사람이기에 이 산에 와서 나에게 예배하며,
네가 지금 내 주변에서 다시 구하려는 것이 무엇인가?

惠能 答曰 弟子 是領南人 新州百姓
今故遠來 禮拜和尚 不求餘物 唯求佛法作

혜능이 대답하기를, 제자는

남해(南海) 지역(領地) 출신(出人)으로 신주(新州) 백성입니다.

지금 멀리서 와서 화상(和尙)께 예배하는 까닭은,

다른 것들을 구함이 아니옵고

오직 부처를 찾고자(求佛) 예배(作法)하는 것입니다.

大師遂責惠能曰 汝是領南人 又是獦獠 若爲堪作佛 [08]

홍인대사께서는 혜능을 꾸짖으면서 말씀하셨다.

네가 그러한(是; 新州에서 다스리는) 영지(領地)였던

남해(南海) 사람(出身)이라면, 또한 오랑캐(獦獠) [09] 인데

惠能 答曰 人 卽有南北 佛姓 卽無南北

獦獠身 與和尙 不同, 佛姓 有何差別

혜능이 대답하기를, 사람에게는 남북이 있으나

부처의 性品(姓氏)는 남북이 없습니다.

오랑캐(獦獠)의 몸은 화상(和尙)과 같지 않사오나

부처의 性品(姓氏)에 무슨 차별이 있겠습니까?

---

08) 若爲(약위) ~어떻게(若)~하겠는가?(爲), 어떻게 할 수(能/堪) 있겠는가?

09) 獦獠(갈료) ; 서남쪽 소수민족에 대한 호칭. cf) 동이(東夷),서융(西戎),남만
(南蠻),북적(北狄)

大師欲更共議 見左右在傍邊 大師更不言

遂發遣惠能 令隨衆作務

時有一行者 遂差惠能於碓坊 踏碓八个餘月¹⁰⁾

홍인대사께서 함께 더 대화(議論)하고 싶었으나,

左右(홍인과 혜능)의 곁에 주변인(周邊人)이 있음을 보시고

대사께서는 다시 더 말씀하시지 않았다.

그리고 혜능을 내보내어 대중을 따라 일하게 하시니,

그때 한 행자가 있었고, 아래차순(差順)의 혜능이

방앗간(碓坊;碓房)에 따라가 팔 개월 남짓 방아를 찧었다.

---

10) 个 : 個(개) = 箇 낱개. 坊(동네방,집방,거처방) ; 房의 고어.

3. 命偈 - 게송을 짓게 하심

五祖忍於一日 喚門人盡來, 門人集記.

五祖曰 吾向與說世人 生死事大

汝等門人 終日供養 只求福田 不求出離生死苦海

汝等自姓迷 福門何可救汝 汝惣且歸房自看

有知惠者 白取本姓般若知之 各作一偈呈吾

吾看汝偈 若吾大意者 付汝衣法 稟爲六代

火急急[11]

오조 홍인대사께서

하루는 문인들을 다 불러오게 하였는데,

그날을 기억하여 문인들이 모이자

문인들에게 써서 모아 놓고 상주(上奏)토록 하셨다.

오조대사께서 말씀하시기를,

내가 세상 사람에게 나고 죽는 큰일(生死大事)을 말했거늘,

너희들 문인들은 종일토록 공양하며 단지 복전만 구할 뿐,

나고 죽는 괴로운 바다를 벗어나려고 하지 않는다.

너희들이 자기(自己)의 性品(姓氏)에 미혹하면,

복문(福門)으로 어찌 너희들을 구제할 수 있겠느냐?

---

11) 稟: 歸의 고어. 睂 ; 看의 속자.

너희들은 모두 방으로 돌아가 스스로 잘 살펴보아라.

지혜를 아는 자가 있다면,

반야(智慧)로 아는 본래의 性品(姓氏)를

분명히 취할 수 있으리니,

각자 게송 한 수를 지어 나에게 가져와라(奉呈).

내가 너희들의 게송을 보고

나와 같은(若吾) 대의(大意)라면

그에게 가사와 법을 부촉(咐囑)하여

육대조사(六代祖師)가 되도록 품수(禀授) 하리니,

어서 빨리 서두르도록 하라.

門人 得處分 却來各至自房 遞相謂言

我等不須 呈心用意作偈 將呈和尙[12]

神秀上座 是敎授師 秀上座得法後 自可於止

請不用作 諸人 息心 盡不敢呈偈

문인들이 처분을 받고

각기 자기 방으로 돌아와서 서로 번갈아 말하기를,

우리가 게송을 지어

마음을 나타낼(呈心) 의도(用意)가 없는데

화상께 바칠(奉呈) 필요까지 없지 않겠는가!

신수상좌(神秀上座)가 교수사(敎授師)이므로

---

12) 將; 장차~(막)하려고 하다. 마땅히 ~하여야 한다. 어찌(何), 오히려,

신수상좌가 법을 얻은 후에 자연히 멈추게 될 터이니
요청(要請)대로 힘써(用) 지을 이유(必要)가 없다고 하여,
모든 사람이 생각을 쉬고 다들 감히 게송을 바치지 않았다.

時大師堂前 有三間房廊 於此廊下
供養 欲畵楞伽變 幷畵 五祖大師傳授衣法
流行後代爲記 畵人盧玲 看壁了 明日下手[13]

그때 화공(畵人) 노감(盧玲)[14]이 대사의 조사당(堂宇) 앞에
있는 세 칸 복도(行廊) 아래(面)에 능가변상도(楞伽變相圖)와
오조대사께서 가사와 법을 전수하시는 그림(場面)을
함께 모신 기록으로 후대에 전하고자,
벽을 살펴본 뒤 다음날 시작(着手)하려고 하였다.

---

13) 幷 : 幷(병)의 속자. 竝(병)과 통자(通字).

14) 장경각에서 출판한 육조단경에서는, 의미상 통용 가능한 화공 노진(盧珍)으로 변칭하고 있다. 여기에서는 돈황본을 새롭게 해설하므로, 돈황본 원전에 충실하자. <玲(옥감, 옥돌림) = 琳(옥림)의 고자(古字)> 직업에 붙여 빼어난 재능을 가진 사람. 즉, 畵工(화공)중에서 최고를 화감(畵玲) 또는 화림(畵琳). 여기에서 노감(盧玲)은 盧氏 姓을 가진 최고의 화공으로 보인다. 계속되는 다음 문장에서 '五祖께서 盧供奉을 불러'라는 내용에서, 공봉(供奉)은 불사(佛事)에 종사(從事)하는 소임(所任)이다. 결론적으로 노감(盧玲) 또는 노화감(盧畵玲)은 노공봉(盧供奉)으로 불사제일(佛事第一)의 화공(畵工)으로 이해된다. 玲(옥돌감,올돌림) => 후대의 덕이본에서 珍(보배진,보물진)은 구체화된 가치가 반영.

17

4. 神秀 - 신수대사

上座神秀思惟

諸人 不呈心偈 緣我爲敎授師

我若不呈心偈 五祖如何得見 我心中見解深淺

我將心偈 上五祖呈意 卽善求法 覓祖不善

却同凡心 奪其聖位 若不呈心 修不得法

良久思惟 甚難甚難 甚難甚難

夜至三更 不令人見 遂向南廊下中 問壁上 題作呈心偈 欲求於法

若五祖見偈 言此偈語

若訪覓我 我宿業障重 不合得法 聖意難則 我心自息[15]

상좌(上座)이신 신수대사께서 생각하였다.

모든 사람이 마음의 게송(心偈)을 바치지 않는 것은

내가 교수사이기 때문(緣故)이다.

내가 만약 마음의 게송을 바치지 않으면

오조께서 내 마음속의 견해가 얕고 깊음을 어찌 아시겠는가.

내가 마음의 게송을

오조스님께 먼저 올리는(奉呈) 의미가 법을 구함이라 옳지만,

---

15) 俴 = 淺

조사(祖師)의 지위를 넘보는 것 같아 옳지 않음이요

도리어 범부(凡夫)의 마음으로

성인의 지위를 빼앗음(奪取)과 같음이라.

(그럼에도) 만약 마음(心偈)을 바치지 않으면

법(法)을 얻지 못한 채 수행만 해야 할 것이다.

한참 동안 아무리 생각해도

참으로 어렵고 어려우며, 참으로 어렵고도 어려운 일이로다.

그래서 다른 사람들이 보지 못하는 한밤중의 삼경에 이르러

남쪽 복도로 이어진 중간 벽 위에 문답(問答)으로,

마음의 게송을 지어 써 놓고(題作) 법을 구하려 하노라.

만약 오조스님께서 게송을 보시고

이 게송 어구에 대한 말씀으로 나를 찾으시면

저는 전생의 업장이 두꺼워,

법을 얻기에도 맞지 않고(不合當)

성인의 뜻을 짐작하기 어려우므로

저부터 마음(得法欲心)을 내려놓겠습니다.

(라고 대답해야겠다).

秀上座 三更 於南廊下中間壁上 秉燭題作偈 人盡不和 偈曰

신수상좌가 밤중에 촛불을 들고

남쪽 복도로 이어진 중간 벽 위에 게송을 지어 써 놓았으나,

(누가 써 놓았는지를) 사람들이 끝내 맞추지(合致) 못하였다.
게송의 내용은 다음과 같다.

身是菩提樹

心如明鏡臺

時時勤佛拭[16]

莫使有塵埃

몸은 보리의 나무요

마음은 밝은 거울과 같나니

때때로 부지런히 佛性을 닦아

티끌과 먼지 묻지 않게 하라

神秀上座題此偈畢 歸房臥 並無人見

신수상좌가 이 게송을 다 써 놓고(題畢)

방에 돌아와 누었으나 아무도 본 사람이 없었다.

五祖平旦 遂換盧供奉來 南廊下 畵楞伽變

五祖忽見此偈請記 乃謂供奉曰

---

16) 敦煌本 時時勤佛拭 佛(性)을 닦아 => 德異本에서 拂拭 털고 닦아서

오조께서, 동트기 전(寅時)[17]에 노공봉(盧供奉)이 와서
남쪽 복도에서 능기변상도 그림으로 교체하려 하기에,
오조스님께서 요청(要請)하여 기록한 이(神秀의) 게송을
우연히 보셨다.
그런 다음 공봉(供奉)[18]에게 말씀하셨다.

弘忍 與供奉錢三十千 深勞遠來 不畵變相也.

金剛經 云 凡所有相 皆是虛妄

不如流此偈 令迷人誦 依此修行 不墮三惡.

依法修行 人有大利益.

홍인이 공봉(供奉)에게 돈 삼만 냥을 주고
멀리서 왔음을 깊이 위로하면서, 변상도를 그리지 않겠노라.
금강경(金剛經)에 말씀하시기를,
무릇 모양이 있는 모든 것은 허망하다(凡所有相 皆是虛妄)
하였지만, 이 게송을 그대로 두어서(流傳)
미혹한 사람들로 하여금 외우고 이에 의지하여 수행케 하여
삼악도(三惡道)에 떨어지지 않게 하는 편이 낳을 것이다.[19]
법에 의지하여 수행하는 사람들에게 큰 이익이 있을 것이다.

---

17) 12時辰(12時) ; 子時(夜半) 丑時(鷄鳴) 寅時(平旦) 卯時(日出) 辰時(食時) 巳
    時(隅中) 午時(日中) 未時(日昳) 甲時(晡時) 酉時(日入) 戌時(黃昏) 亥時(入定)
18) 노씨(盧氏)라서 그림 그릴 때는 노감(盧玲), 불사(佛事)의 소임(所任)을 존
    중하여 노공봉(盧供奉)
19) 不如~ ; ~만 못하다. ~하는 편이 낳다.(=不若)

大師遂喚門人 盡來焚香偈前 人衆人見 皆生敬心

如等 盡誦此偈者 方得見姓 於此修行 卽不墮落

門人盡誦 皆生敬心 喚言善哉

드디어 대사께서 문인들을 부르셨는데,

다 오게 하여 게송 앞에 향을 사르게 하시니,

사람들이 보는 이마다 모두 공경(恭敬)하는 마음을 내므로,

너희들이 이 게송을 모두 외우면

바야흐로 自性(自姓)을 볼 것이며,

이것으로 수행하면 곧 타락하지 않으리라.[20]

문인들이 다들 외우고 모두 공경하는 마음을 내자

훌륭하다고 말씀하셨다.

五褐 遂喚秀上座 於堂內門 是汝作偈否 若是汝作 應得我法

피갈(被褐; 祖師袈裟)를 수(垂)하신 오조스님이

신수상좌를 거처의 문안(門內)으로 불러, (말씀하시기를)

네가 이 게송을 지은 것이냐?

만약 네가 지은 것이라면 마땅히 나의 법을 얻으리라.

秀上座言 罪過 實是神秀作 不敢求祖

---
20) 方便說

願和尙 慈悲看

弟子有小智惠 識大意否

신수상좌가 말하기를,

실은 죄가 되는 허물이 있습니다.

제가 지었사오나 감히 조사의 지위를 구함이 아니오니,

원하옵건대 화상께서는 자비로써 살펴주옵소서.

제자가 작은 지혜로 큰 뜻을 알겠습니까?

五祖曰 汝作此偈 見卽來到 只到門前 尙未得入

凡夫於此偈修行 卽不墮落 作此見解

若覓無上菩提 卽未可得 須入得門 見自本姓

汝且去 一兩日來思惟 更作一偈 來呈吾

若入得門 見自本姓 當付汝衣法.

秀上座去 數日作不得.

가사(被褐)를 수하신 오조께서 말씀하시었다.

네가 지은 이 게송의 소견으로는

당도(當到)하였지만 다만 문 앞에 이르렀을 뿐

아직 문안으로 들어오지는 못하였다.

범부들이 이 게송으로 수행하면 곧 타락하지 않겠지만

이런 견해를 지어 가지고 위없는 보리를 찾는다면

결코 얻지 못할 것이다.

모름지기 문안으로 들어와야만 자기의 本性(본성)을 보느니라.

너는 잠시 돌아가 며칠 더 생각하여

다시 한 게송을 지어서 나에게 와 보여라.

만약 문안에 들어와서 자신의 본래 성품(性氏)을 보았다면

마땅히 가사와 법을 너에게 부촉(附囑)하겠노라. 하셨다.

신수상좌는 돌아가 며칠이 지났으나 게송을 짓지 못하였다.

5. 呈偈 - 게송을 바침

有一童子 於碓房邊過 唱誦此偈

惠能一聞 知未 見姓卽識大意

한 동자가 방앗간(碓房; 碓坊) 곁을 지나면서
이 게송을 외워 불렀다. 혜능이 한번 듣고,
(이 게송은) 自性(自姓)을 보지 못하였고
대의(大意)도 알지 못한 것임을 알았다.

能 問童子 適來誦者 是何言偈

童子答能曰 儞不知 大師言 生死是大 欲傳於法

令門人等 各作一偈 來呈看

悟大意 卽付衣法 稟爲六代禍

有一上座名神秀 忽於南廊下 書無相偈一首

五禍令諸門人 盡誦

悟此偈者 卽見自性 依此修行 卽得出離

혜능이 동자에게 묻기를
지금(適來) 외우는 것은 게송은 무슨 말인가?

동자가 혜능에게 대답하여 말하였다.

그대(行者)는 모르셨습니까? 대사(大師)께서 말씀하기를,

나고 죽는 것은 큰일이라 법(法)을 전하고자 하니,

문인들은 각각 게송 한 수씩 지어 와서 보이라 하셨습니다.

대의(大意)을 깨쳤다면 곧 가사와 법을 주신다며

육대조사를 상징하는 피갈(被褐)까지 품수하신다고 하시자,

신수라고 하는 상좌가

문득 남쪽 복도 벽에 무상송(無相偈) 한 수를 써 놓았기에,

가사(被褐)를 수하신 오조스님께서 말씀하시기를

모든 산문의 대중(門人)으로 하여금 다 외우게 하시고,

이 게송을 깨친 이는 곧 자기의 性品(姓氏)을 볼 것이니,

이 게송을 의지하여 수행하면

나고 죽음(生死)을 벗어날 것이라, 하셨습니다.

惠能 答曰 我此踏碓八箇餘月 未至堂前

望上人 引惠能至南廊下 見此偈禮拜

亦願誦取 結來生緣 願生佛地[21]

혜능이 대답하기를

나는 여기서 방아(碓) 찧기(踏)를 팔 개월 남짓하였으나

아직 조사당(홍인대사의 처소) 앞에 가보질 못하였으니,

---

21) 你 = 儞(너이). 仅 ; 付(줄부)의 고어.

바라건대 그대(上人; 上行者)는 나를 남쪽 복도로 인도하여

이 게송을 보고 예배토록 하여주시게.

또한 바라건대 (이 게송을) 외워

내생(來生)의 인연(因緣)을 맺어

부처님 나라(佛地)에 나기를 바란다네.

童子引能至南廊下

能 卽禮拜此偈 爲不識字 請一人讀 惠問已 卽識大意

惠能 亦作一偈 又請得一解書人 於西間壁上 提著 呈自本心

不識本心 學法無益 識心見姓 卽吾大意

동자가 혜능을 인도하여 남쪽 복도에 이르렀다.

혜능은 곧 이 게송에 예배하였고,

글자를 알지 못하므로 어느 사람에게 읽어 주기를 청하였다.

혜능이 문답(問答) 게송을 듣고서 대의(大意)를 알았다.

혜능은 또한 한 게송을 지어,

다시 글을 쓸 줄 아는 이에게 청하여 서쪽 벽 위에,

손들어 쓰게(提著) 하여 자신의 본래 마음을 나타내 보이었다.

본래 마음을 모르면 법을 배워도 이익이 없으니,

마음을 알아 自性(自姓)를 보는 것이 곧 나의 대의(大意)니라.

惠能偈 曰

혜능은 게송으로 말하였다.

菩提本無樹
明鏡亦無臺
佛姓常靑淨 (=佛性常淸淨)
何處有塵埃

보리는 본래 나무가 없고
밝은 거울 또한 받침대가 없네.
부처의 性品(姓氏)은 항상 청정(淸淨)하거니
어느 곳에 티끌과 먼지 있으리오.

又偈曰
또 게송에서 말하였다.

心是菩提樹
身爲明鏡臺
明鏡本淸淨
何處染塵埃

마음은 보리의 나무요
몸은 밝은 거울의 받침대라

밝은 거울은 본래 깨끗하거니

어느 곳에 티끌과 먼지가 물 들리오.

院內從衆 見能作此偈 盡垢²²⁾

惠能 却入碓坊 五褐忽見惠能

但卽善知識大意 恐衆人知

五祖乃謂衆人曰 此亦未得了²³⁾

절 안에 거주(從事)하는 대중이 혜능이 지은 게송을 보고,

다들 멋대로(盡力) 생각(煩惱)하였다.

혜능이 방앗간(碓坊;碓房)으로 돌아가는 것을,

가사(被褐)를 수하신 오조께서 문득 혜능을 알아보았으나,

다만 선지식의 대의(大意)를,

여러 사람(大衆)이 알까 두려워하시어

오조께서 대중에게 말씀하시기를

이 벽서(壁書)도 또한 요달(了達)하지 못하였구나!

---

22) 장경각 출판: 恠(=怪(괴)의 古体)[괴이하게 여기고]<X>.

23) 忩 : 恐(두려워할공)의 속자(俗字).

6. 受法 - 법을 받음

五祖夜知三更 喚惠能堂內 說金剛經

惠能 一聞 言下 便伍 其夜受法 人盡不知

오조스님께서 한밤중 삼경(子時)을 인지(認知)하시고
혜능을 조사당 안으로 불러 금강경을 설해 주시었다.
혜능이 한 번 듣고 곧 같은(半伍) 대오(隊伍)의 깨침이라
그날 밤 법을 전해 받으니 사람들은 아무도 알지 못하였다.

便傳頓法及衣 汝爲六代祖

衣將爲信 稟代代相傳

法以心傳心 當令自悟

(오조스님은 말씀하셨다.)
곧 이어 단박에 깨치는 법(頓法)과 가사를 전하시며
네가 육대조사가 되었다.
가사는 장차 신표가 되리니 대대로 이어받아 서로 전하되,
법은 마음으로써 마음에 전하여 마땅히 스스로 깨치게 하라.

五祖言 惠能 自古傳法 氣如懸絲

若住此間 有人害汝 汝卽須速去

오조스님은 또 말씀하셨다. 혜능아,
옛날부터 법을 전함에 있어
숨 줄이 실 날에 매달린 것과 같다.
만약 이 곳에 머물면 사람들이 너를 해칠 것이니,
너는 마땅히 속히 떠나라.

能 得衣法 三更 發去

五祖自送能於九江驛

登時 便悟祖處分 汝去努力 將法向南

三年 忽弘此法 難去

在後弘化 善誘迷人 若得心開 汝悟 無別

혜능이 가사와 법을 받고 밤중에 떠나려 하니,
오조스님께서 몸소 구강역(九江驛; 江西省)까지
혜능을 전송하였다. 헤어질 때(登時) 문득 오조께서
결정(覺悟)하여 하신 말씀이(處分),
너는 힘써(努力) 가되, 법을 가지고 남쪽으로 가라.
삼년 동안 이 법을 조심(疏忽)하여 펴야한다,
가는데 어려울 수 있다(難去:산 넘어 산).

훗날 널리 펴서 미혹한 사람을 잘 지도(誘導)하여,

만약 마음이 열리면 너의 깨침과 차별(差別)이 없으리라.

辭違已了 便發向南

兩月中間 至大庚嶺

不知向後 有數百人來

欲擬頭惠能 奪於法

來至半路 盡惣却廻[24]

(이에 혜능께서는 오조스님께)

하직(下直)하고 곧 남쪽으로 향해 떠났다.

두 달 가량 되어 대경령(大庚嶺)[25]에 이르렀는데,

뒤에 수백 명의 사람이 쫓아와

혜능이 향하는 길목을 헤아려, 가사와 법을 빼앗고자 하다가

반쯤 와서 다들 되돌아간 것을 몰랐었다.

唯有一僧 姓陳 名惠順

先是三品將軍 性行麁惡 直至嶺上 來趁把著

惠能 卽還法衣, 又不肯取

---

24) 辤 = 辞 = 辭(말사,말씀사)

25) 대경령,大庚嶺 ; 현재 중국의 구이린시(桂林市) 취안저우현(全州縣). 또한
다른 판본에서 소개되고 있는 대유령(大庚嶺 ;강서성(江西省) 대유현(大庾
縣)의 남쪽에 있는 오령(五嶺) 가운데 하나).

我故遠來 求法 不要其衣²⁶⁾

(以後까지) (돌아가지 않고 쫓아 온)
오직 한 사람이 스님이 되었는데,
성은 진(陳)이요, 법명이 혜순(惠順)이다.
以前(先)에 삼품장군으로,
성품과 행동이 거칠고 포악하였기에
곧바로 고갯마루까지 쫓아 올라와 (혜능을) 붙잡았다(把著).
혜능이 곧 가사를 돌려주었으나 또한 받으려 하지 않고
제가 멀리 온 것은 법을 구함이요
그 가사는 필요치 않습니다, 라고 말하였다

能 嶺上 便傳法 惠惠順順 得聞 言下 心開
能 使惠順 卽却向北化人來

혜능이 고갯마루에서 문득 법을 혜순에게 전하니
혜순이 법문을 듣고 그 자리에서 마음이 열렸기에
혜능은 혜순에게 말하였다.
곧 북쪽으로 돌아가서 사람들을 교화하라.

---

26) 麁 = 麤 = 𪋻(거칠추)

7. 定慧 - 정(定)과 혜(慧)

惠能 來衣此地 與諸官寮道俗 亦有累劫之因

敎是先性所傳 不是惠能自知

願聞先性敎者 各須淨心聞了 願自餘迷於先代悟

혜능이 이곳에 와서 함께 생활(衣食住)한

여러(三十餘人) 관료(官寮; 官僚)와

도인(道人)과 속인(俗人) 등(일만 여명)은

또한 오랜 전생부터 많은 인연이 있음이로다.

이 敎門(가르침)은 마음(心性)을 우선(于先)하여

전(傳)하는 것으로, 혜능부터 알려진(始作) 것은 아니니라.

마음이 우선이라는 법문(敎門)을 듣기 원하는 자는

각자에게 요긴(必要)한 淨心(깨끗한 마음 법)을 듣고 나서,

스스로가 옛 사람의 깨우침보다 더 깨우치기(덜 미혹하기)를

바랄지니라.

惠能大師喚言

善知識 菩提般若之知

世人 本自有之 卽緣心迷 不能自悟

須求大善知識示道 見性

혜능대사가 말씀하셨다.

보리반야(菩提般若)를 알려면 제대로 알아야 하느니,

세상 사람들이 본래부터 스스로 지니고 있으나

다만 마음이 미혹하기 때문에

능히 스스로 깨치지 못하는 것이다.

(그렇기에) 모름지기 대선지식(大善知識)이 가리키는 길로

찾아가 자기의 성품을 보아라.

善知識 遇悟卽成智

잘 알아듣고 깨치게 된다(遭遇)면

곧 지혜(智慧)가 성숙(成熟)하느니라.

善知識 我此法門

以定慧爲本第一,

勿迷言惠定別.

定惠 體一不二.

卽定是惠體 卽惠是定用

卽惠之時 定在惠

卽定之時 惠在定

나의 이 법문(가르침)은

정혜(定慧)가 가장 중요한 근본임을, 잘 알아야 하니라.

미혹하여 정(定)과 혜(慧)가 다르다, 라고 말하지 말라.

정과 혜는 몸이 하나이고 둘이 아니니라.

곧 定은 이 慧의 몸(体)이요(卽定是惠體),

慧는 곧 定의 작용(用)이니(卽惠是定用),

곧 慧가 작용할 때(卽惠之時) 定이 慧에 있고(定在惠)

곧 定이 작용할 때(卽定之時) 慧가 定에 있느니라(惠在定).

善知識 此義 卽是惠等

學道之人 作意

莫言先定發惠 先惠發定 定惠各別

作此見者 法有二相

口說善 心不善 惠定不等

心口俱善 內外一衆種 定惠卽等[27]

여기에서 바른 뜻은, 곧 定과 慧를 함께 잘 알아야 하느니,

도를 공부한 사람은 짐짓(그냥)

定을 먼저 하여 慧를 낸다거나

慧를 먼저 하여 定을 낸다고 해서

定과 慧가 각각 다르다고 말하지 말라.

---

27) 作意(짐짓, 그냥, 매급시, 맥없이)

이런 소견을 내는 이(小乘)는

법(法)에 두 형상(相)이 있는 것이다.

입으로는 잘 말하면서 마음이 잘하지 않으면

慧와 定을 함께 함이 아니요,

마음과 입이 함께 잘하여 안팎(內外)이 한 종류(衆)이면

定과 慧가 곧 함께 함이니라.

自悟修行 不在口諍

若諍先後 卽是人 不斷勝負

却生法我 不離四相

스스로 깨쳐 수행함은 입(論理)으로 다투(諍)는 데 있지 않다.

만약 선후를 다투면

곧 이 사람(小乘)은 쟁론(勝負)을 끊지 못함이니,

아집(我執)의 四相(我相,人相,衆生相,壽者相)을 여의고도,

도리어 법집(法執)의 四相이 생김이로다.[28]

---

28) 金剛經 제6분 正信希有分
    衆生이 마음에 어떤 相을 취하면 곧 四相((아상,인상,중생상,수자상)에 執着
    하게 되기 때문에, 法相을 취해도 四相에 걸리고, 非法相을 취해도 四相에
    걸리므로 不應取法 不應取非法이니라.(是諸衆生 若心取相 卽爲 着我人衆
    生壽者. 若取法相 卽着我人衆生壽者 若取非法相 卽着我人衆生壽者 是故
    不應取法 不應取非法) 너희들 비구는 내가 말한 바 법이 뗏목과 같은 줄 알
    라, 하였으니, 진리도 오히려 놓아버려야 하거늘, 하물며 그릇된 법이랴.(以
    是義故 如來常說 汝等比丘 知我說法 如筏喩者 法尙應捨 何況非法). 여기
    에서는 五蘊(色受想行識)의 法에 집착, 小乘(聲聞)의 법집 논쟁(다툼)에 대
    한 탄식.

一行三昧者 於一切時中 行住座臥 常眞眞心

일행삼매(一行三昧)란 모든 시간에 가거나 머물거나 앉거나 눕거나(行住坐臥) 항상 변하지 않는 참 마음(眞心)인 것이다.

是 淨名經 云 眞心是道場 眞心是淨土

정명경(淨名經: 維摩經)에 이르기를,

곧은 마음이 도량(直心是道場)이고

곧은 마음이 정토(直心是淨土)이다.

莫心行諂典 口說法直

口說一行三昧 不行眞心 非佛弟子

但行眞心 於一切法 無上有執著 名一行三昧.

迷人, 著法相 執一行三昧,

眞心 座不動, 除妄不起心 卽是一行三昧.

若如是 此法 同無淸 却是障道因緣[29]

마음으로는 아첨을 법전처럼 행사하면서,

입으로만 법의 곧음을 말하지 말라.

입으로만 일행삼매를 말하면서,

---

29) 阿諂의 反對語는 直言. 諂(의심할도.아첨할첨) = 諂(아첨할첨). 淸 = 淸情心(청쩡심)

眞心(변하지 않는 참 마음)으로 행하지 않으면

부처님 제자가 아니니라.

오직 참된 마음으로 행하여

일체의 법위(法上)에 집착함이 없는 것을 일행삼매라고 한다.

(그러나) 미혹한 사람은,

법(法)의 형상을 붙잡고 일행삼매에 집착하여,

움직이지 않고 앉아(座; 坐) 있는 것을

변하지 않는 마음(眞心)이라 하여,

마음을 일으키지 않고 망심(妄心)이 제거함을

一行三昧라고 한다.

만약 이법이 이와 같다면 청정심(淸情心)이 없는 결과와

마찬가지로 도리어 도에 장애가 되느니라.

道順通流 何以却滯

心住在 即通流住即彼縛

若座不動 是 維摩詰 不合呵舍利弗 宴座林中[30]

---

30) 維摩經(사리불의 좌선) : 유마힐이 병으로 누웠을 때, 세존께서 사리불(舍
利弗)에게 문병을 가라 하셨다. 이에 사리불이 부처님께 말씀드렸다. 저는
그를 감당할 수 없습니다. 제가 숲속에서 좌선할 때 유마힐이 찾아와, 사리
불아, 앉아 있다고 해서 좌선이라 할 수 없다. 좌선이란, 생사가 겹쳐진 삼계
(三界)에 있으면서도 몸과 마음이 동요하지 않는 것이요. 또한 마음과 그 마
음의 작용을 멸한 무심한 경지의 선정[滅定]이 아니더라도 온갖 위의(威儀)
를 나타내는 것이다. 그래서 좌선이란, 진리의 법을 버리지 않고서도 범부의
일을 나타내며, 마음이 안으로 응집된 고요한 상태를 탐하지 않고서도 밖을
향해 혼란되지 않는 것이다. 그러면서도 서른일곱 가지[三十七道品]을 닦는
것이요, 번뇌를 끊지 않고서 열반에 드는 것을 좌선이라 하므로 부처님께서

도(道)가 순리(順理)대로 통하여 흐르는데

어찌 도리어 정체할 것인가?

마음이 머물러 있으면 곧 유통이 멈추게 되어

(도리어) 그것(머뭄)에 속박(束縛)되는 것이니라.

만약 움직이지 않고 앉아(座; 坐) 있는 것이 옳다고 한다면

유마힐(維摩詰)이 숲속에서 좌선(座禪; 坐禪)을 즐기는

사리불(舍利弗)을 꾸짖었던 것은 합당하지 않으니라.

善知識 又見有人 敎人座 看心看淨 不動不起 從此置功

迷人 不悟 便執成顚 卽有數百盤 如此敎道者 故之大錯[31]

잘 듣고 알아야 하니라,

또한 어떤 사람을 보면,

다른 사람(他人)에게 좌선(坐禪)을 가르치기를

마음을 보고 깨끗함을 보되,

움직이지도 말고 일어나지도 말라 하고 가르치면서

이것으로써 공부를 삼게 하는 것을 보게 된다.

미혹한 사람은 이것을 깨닫지 못하고 문득 거기에

집착하여 전도됨이 곧 얽히고 굽음(盤曲)이 많음(數百)이니,

인가하실 것이다. 그 때의 저는 유마힐에게 아무 대답을 못하였습니다. 세존
이시여. 그러므로 저는 그의 문병하는 일을 감당할 수 없습니다.

31) 置功: 用功 下工夫 (置功=致功; 있는 힘을 다하여 ~을 이루려고 하다). 故之
(옛날에) 今之(지금에)

(이렇게) 도를 가르치는 것은 크게 잘못된 것임을
옛날에(故之; 始作부터) 잘 알았어야 했느니라.

善知識 定惠 猶如何等 如燈光

有燈卽有光 無燈卽無光

燈是光知躰 光是燈之用

卽有二 躰無兩般 此定惠法 亦復如是[32)]

정과 혜는 무엇과 같은가?

등불과 그 빛과 같으니라.

등불이 있으면 곧 빛이 있고,

등불이 없으면 곧 빛이 없으므로

등불은 빛을 나타내는(知) 몸(體)이요,

빛은 등불의 작용(用)이다.

(등불과 빛, 이름이) 서로 둘이지만,

몸은 두 가지가 아니다.

이 정·혜의 법도 또한 이와 같음을 잘 알지니라.

---

32) 躰 = 躰 = 軆 = 体 = 體. 知; 나타낼지 드러날지.

8. 無念 – 생각이 없음

善知識 法無頓漸

人有利 鈍 明卽漸勸

悟人頓修 識自本 是見本性

悟卽元無差別 不悟 卽長劫輪廻

잘 듣고 알아야 하느니라.

법에는 단박(頓)에 깨침과 점차(漸)로 깨침이 없으나

사람에 따라 영리(利)한 이도 있고 우둔(鈍)한 이도 있나니,

우둔한 이는 밝게 알고(明悟) 점차 닦기(漸修)를 권하지만

頓修로(단박에 닦아) 깨친 이는

본래의 자기를 알고 본래의 성품을 본 것이다.

깨달으면 원래로 차별이 없으나

깨닫지 못하면 오랜 세월을 윤회하느니라.

善知識 我自法門

從上已來 頓漸皆立

無念無宗 無相無體 無住無爲本

나의 법문(頓敎)을 잘 알아야 하느니,

頓漸이 양립하던 처음부터,

無念이라는 종지(宗旨)가 없었으며,

無相이라는 본체(本體)도 없었으며,

無住를 근본(根本)으로 삼은 것도 아니었느니라.

何明爲相 無相 於相而離相

無念者 於念而不念

無住者 爲人本性 念念不住

前念 念念, 後念 念念, 相讀 無有斷絶.

若一念斷絶, 法身 卽是離色身, 念念時中 於一切法上 無住.

一念若住 念念卽住 名繫縛,

於一切法上 念念不住 卽無縛也 以無住 爲本.

어떻게 하면 相을 훤히 알 수(明悟) 있는가 하면,

무상(無相)이니, 相(형상)에서 相(형상)을 떠나는 것이다.

무념(無念)이란,

念(생각)에 있어서 念(생각)하지 않는 것이요,

무주(無住)란,

사람의 본래 성품이 생각마다 머무르지 않는 것이다.

(그러나) 前念(이전의 생각)을 생각생각(念念)하면

後念(다음의 생각)도 생각생각(念念)하게 되어

서로 소리가 나거나(相讀) 끊어짐(斷絶)이 없음이라.

만약 한 생각이 끊어지면(斷),

법신(法身)이 곧 육신(色身)을 여의어서

순간순간 생각할 때에 모든 법 위에 머무름도 없음이라.

만약 한 생각이라도 머무르면(住),

생각마다에 머무는 것이므로 얽매임이라고 부르며,

모든 법 위에 순간순간 생각이 머무르지 아니하면

곧 얽매임이 없는 것이라,

(그러므로) 머무름이 없는 것(無住)으로 근본을 삼느니라.

善知識 外離一切相 是無相

但能離相 性體淸淨是 是以無相爲體

於一切鏡上 不染 名爲無念, 於自念上離鏡不 不於法上念生.

莫百物不思念盡除, 却一念斷卽別處受生.

밖으로 모든 형상(相)을 여의는 것이

無相(형상이 없는 것)임을 잘 알아야 하니라.

오로지 형상을 여의기만 하면

자성의 본체(本體)는 청정하고 바른 것이다.

그러므로 無相(형상이 없는 것)으로 본체(本體)를 삼느니라.

모든 비춤(鏡 · 境界) 위에 물들지 않음을

無念(생각이 없는 것)이라 하나니,

먼저 생각으로부터 벗어나 비춰지지(鏡; 境界) 않으면

법(法)에 대하여 생각이 나지 않는 것이니라.

일체(百物;모든)의 法에 대하여 생각(考慮)하지 않고[33]

생각을 모두 제거하지 말라.

(이런 방식으로는) 한 생각을 끊어내도

도리어 곧 다른 곳에서 생각남(念生)을 받느니라.

學道者 用心 莫不息法意

自錯 尚可 更勸他人

迷不自見迷 又謗經法

是以立無念爲宗

即緣名人 於鏡上 有念 念上 便去耶見

一切塵勞妄念 從此而生

然此敎門 立無念爲宗 世人 離見 不起於念

若無有念 無念 亦不立

(그렇다고 해서) 도를 배우는 것이, 법에 대하여

쉼 없이 마음을 내는 것을 의미한다고 하지 말라.

자기의 잘못은 그렇다 하더라도

---

33) 一切法 : 아함의 법체계에서는 三法印(諸行無常, 諸法無我, 一切皆苦)이며 爲法法, 연기하는 존재 또는 현상. 아비달마 법체계(구사론)에서는 三科(五蘊, 12處, 18界)로 일정한 성질을 가진 존재나 현상.

45

다시 다른 사람에게 권하겠는가.

미혹하면 자기의 미혹을 알지 못하면서

또한 법에 대하여 헤아림(經由)도 훼손되나니,

그러므로 무념(無念)을 세워 종지(宗旨)을 삼느니라.

(밖으로) 이름(外觀)에 묶인(緣緣) 이는,

비춤(鏡: 境界) 위에 생각이 있거나

먼저 생각하고 (비춤을) 곧 보러 간다.

모든 번뇌(塵勞)와 망령된 생각이 이로부터 생기느니라.

그러므로 이 가르침(頓敎)은

무념(無念)을 세워 종지(宗旨)을 삼느니라.

세상 사람이 견해를 여의고 생각을 일으키지 않아서,

만약 생각함이 없으면

無念(생각 없음)도 또한 존재(存立)하지 않느니라.

無者 無何事 念者 何物.

無者 離二相諸塵勞.

眞如 是念之體 念是眞如之用,

自姓起念 雖卽見聞覺知 不染萬鏡而常自在

維摩經 云 外能善分別諸法相 內於第一義而不動

46

(無念에서) 無(없다)라 함은

어떤 까닭(事由)으로 없다(無)는 것인가?

念(생각)이란 무엇을 생각하는 것인가?

無(없다)라 함은

두 형태의 모든 번뇌(分別心)를 떠난 것이다.

念(생각)의 본체(體)가 眞如이며,

眞如의 작용(用)이 念(생각)이니,

자기의 성품(姓氏)이 念(생각)을 일으켜

비록 보고 듣고 느끼고 알지라도,

모든 비춤(鏡: 境界)에 물들지 않아서 항상 자재(自在)하니라.

(無念에 대하여) 유마경(維摩經)에서 말씀하시기를,

밖으로 능히 모든 법의 형상을 잘 분별(分別)하나

안으로 첫째 뜻(第一義)에 있어서 不動(움직이지 않음)이니라.

9. 坐禪 - 좌선

善諸識 此法門中 座禪
元不著 心亦不著 淨亦不言動
若言看心 心元是妄 妄如紒故 無所看也[34]
若言看淨 人姓 本淨 爲妄念故 蓋覆眞如 離妄念 本姓淨
不見自姓本淨 心起看淨 却生淨妄

이 법문(頓敎) 중에서 좌선(坐禪)을 모두 잘 알아야 하니라.
원래 不著(집착하지 않음)이란
마음(心)에 또한 執着하지 않음이니,
(단지) 깨끗한 마음(淨心)이
또한 (집착으로 인해) 動(움직임)한다고 말 할 수 없음이로다.
만약 마음을 본다고 말한다면,
마음은 원래 허망한 것이며
허망함이 공치사(紒; 功致辭)와 같은 까닭에
볼 것이 없느니라.
만약 깨끗함을 본다고 말한다면
사람의 性品(姓氏)은 본래 깨끗함에도

---

34) 功(공)의 와자(訛字) ; 紒=功.

48

허망한 생각으로 진여(眞如)가 덮인 것이므로
허망한 생각을 여의면 性品(姓氏)은 본래대로 깨끗하니라.
자기의 性品(姓氏)이 본래 깨끗함은 보지 아니하고
마음을 일으켜 깨끗함을 보면
도리어 깨끗하다고 하는 망상이 생기느니라.

妄無處所 故知 看者看却是妄也
淨無形相 却立淨相 言是功夫
作此見者 章自本姓 却被淨縛

망상(妄想)은 처소가 없다.
그러므로 본다(看)고 하는 것이
도리어 망상(妄想)을 보았음(看)을 알아야 하느니라.
깨끗함은 형상(形相)이 없거늘,
도리어 깨끗한 형상을 세워서
이것을 공부(功夫)라고 말한다면,
이러한 소견을 내는 이는
자기 본래의 性品(姓氏)을 形相(模樣; 形體; 章章)하여
도리어 깨끗함에 묶이게 되느니라.

若不動者 不見一切人過患 是性不動
迷人 自身不動, 開口卽說人是非 與道違背

看心看淨 却是障道因緣

만약 不動(움직이지 않음)이라는 것으로

모든 사람의 허물(過)과 근심(患)을 보지 않았으면

이것은 자기 성품(自性)이 不動(움직이지 않음)인 것이니라.

미혹한 사람(迷人)은

자기의 몸(身)은 不動(움직이지 아니)하나

입만 열면 곧 사람들의 옳고 그름을 말하나니,

도(道)와는 어긋나 등지는 것이니라.

마음을 보고 깨끗함을 본다고 하는 것은

도리어 도를 가로막는 이유(因緣;理由)이니라.

今記汝 是此法門中 何名座禪

此法門中 一切無碍[35)]

外於一切境界上 念不去爲座, 見本姓不亂 爲禪

너희들은 이제 명심(銘記; 銘心)하라.

이 법문 가운데 어떤 것을 좌선(坐禪; 座禪)이라 하는가?

이 법문 가운데는 일체 걸림이 없어서,

바깥의 모든 경계 위로 생각이 가지 않음이 앉음(坐)이고,

(안으로) 본래 性品(姓氏)을 보아

---

35) 碍 : 得의 고자(古字). 礙(碍)와 동자(同字).

어지럽지 않은 것이 선(禪)이니라.

何名爲禪定 外離相曰禪 內不亂曰定

外若有相 內姓不亂 本自淨自定

只緣境觸 觸卽亂 離相不亂 卽定

外離相 卽禪 內外不亂 卽定 外禪內定 故名禪定[36]

어떤 것을 선정(禪定)이라 하는가?

밖으로 형상(相)을 떠남이 선(禪)이요,

안으로 어지럽지 않음이 정(定)이니라.

만약에 밖으로 형상(相)이 있어도

안으로 性品(姓氏)이 어지럽지 않으면

본래대로 스스로 깨끗하고(淨) 스스로 정(定)이니라.

(그러나) 다만 경계(境界)에 부딪침으로 말미암아

부딪쳐 곧 어지럽게 되나니,

형상(相)을 떠나 어지럽지 않은 것이 곧 정(定)이니라.

밖(外)으로 형상(相)을 떠나는 것이 곧 선(禪)이요

안(內)과 밖(外)으로 어지럽지 않은 것이 곧 정(定)이니,

밖으로 선(禪)하고 안으로 정(定)하므로

선정(禪定)이라고 이름 하니라.

---

36) 乱 : 亂의 간체자

維摩經 云 卽是豁然 還得本心

菩薩戒 云 本源自姓 淸淨

유마경에 말씀하기를

곧 활연히 깨쳐(넓고 환해져)

본래 마음을 다시 찾는다. 하셨고,[37]

보살계에 말씀하기를,

본래 근원인 자기 性品(姓氏)이

깨끗하다(淸淨)고 하셨느니라.

善知識 見自姓自淨.

自修自作 自姓法身,

自行 佛行, 自作自成 佛道.

스스로 깨끗한(淨)

자기의 性品(姓氏)을 보려면, 잘 알아야 하니라.

스스로 닦아서 스스로 지음이

자기의 性品(姓氏)인 법신(法身)이며,

스스로 행함이 부처님의 행(佛行)이며,

스스로 짓고(作) 스스로 이룸(成)이 불도(佛道)이니라.

---

37) 卽是豁然(卽時豁然): 밝아졌을 때(明時) 곧(卽是) 넓고 환해져(豁然).

10. 三身 - 세 몸

善知識 惣須自體

與受無相戒 一時 逐惠能口道令

善知識 見自三身佛

모두들 반드시(必須) 자기의 본래 바탕(體)을,

잘 알아야 하느니,

혜능이 이끄는 호령(口令; 號令)에 따라

무상계(無相戒)를 주고받을 때에,

자기의 삼신불(三身佛)을 보려면 잘 알아 들어야 하니라.

於自色身 歸衣淸淨法身佛

於自色身 歸衣千百億化身佛

於自色身 歸衣當來圓滿報身佛

(已上三唱)

나의 육신(色身)보다

청정 법신불(法身佛)에 歸依(歸衣)하오며,

나의 육신(色身)보다

천백억 화신불(化身佛)에 귀의(歸衣)하오며,

나의 육신(色身)보다

당래원만 보신불(報身佛)에 귀의(歸衣)합니다.

(이상을 세 번 복창(復唱)하라).

色身是舍宅 不可言歸向者.[38]

三身在自法性 世人盡有爲名.

不見外覓三如來 不見自色身中三性佛

색신(色身)은 집(集合,執着)이니

길잡이(性向)에 귀의라고 말할 수 없다.

삼신(三身)은 자기의 법성(法性)에 있기에

세상 사람이 다들 명호(性名)로 삼고 있으나

밖에서 찾는다면 삼신불(三身如來)을 보지 못하리니

색신에서는

삼신불(三身佛)의 성품(性品)을 볼 수 없음이로다.[39]

善知識聽汝 善知識說令.

善知識, 衣自色身 見自法性, 有三世佛.

---

38) 인간존재의 구성요소(집합)는 五蘊이다 ; 色(물질:地水火風) 受想行識(정신)

39) 三性: 사람의 세 가지 성품. 곧, 선성(善性)·악성(惡性)·무기성(無記性). 여기서는 三身佛의 성품(法身,化身,報身)으로 이해.

너희는 선지식이 호령(口令)하는 가르침(說敎)을 듣고,

잘 알아야 하느니라.

자기의 색신(色身)에 의지(依支;衣支)해 있는

자기의 법성(法性)을 보게 되면

그 세계에 삼신불(三身佛)이 있음을 잘 알게 되리라.

此三身佛 從性上生 何名淸淨身佛

이 삼신불(三身佛)는 자성(自性)으로부터 생긴다.

어떤 것을 깨끗한(淸淨) 부처의 몸(法身佛)이라고 하는가?

善知識, 世人性 本自淨,

萬法 在自姓.

思量一切事 卽行衣惡,

思量一切善 事便修於善行.

知如是, 一切法盡在自姓 自姓常淸淨.

세상 사람의 성품(性品)은 본래 스스로 깨끗하여

일체(萬物) 법(法)이 자기의 성품(姓氏)에

내재(內在)되어 있음을, 잘 알아야 하느니라.

모든 일부터 생각(思量)하고서

곧 행사(行事)되는 일(事)이라면 싫증(依惡;改惡) 나겠지만

모든 생각(思量)부터 잘하는 편이

느닷없이 개편(改修)되는 일(事)보다 잘 진행되나니,

이와 같음을 안다면,

모든 법이 다 자기 自性(自姓)안에 있으며,

自性(自姓)은 항상 청정(淸淨)하니라.

日月常名. 只爲雲覆蓋, 上名不暗,

不能了 見日月西辰.

忽遇惠風吹 散卷盡雲霧 萬像參羅 一時皆現⁴⁰⁾

(自性은) 일월(日月)이라

항상(恒久的)인 변하지 않는 이름이니라.

단지 구름이 덮일 뿐,

가장 훌륭(名聲)함은 어둡지 않음이니라.

능히 요달(了達)하지 못하면

새벽에 서쪽에서 해달(日月)을 찾겠지만

홀연히 지혜의 바람이 불어

겹친(卷) 구름안개(雲霧層)가 다 흩어지면

삼라만상(萬像參羅;森羅萬象)이 동시에 모두 나타나느니라.

---

40) 蓋=𡭴=蓋 : 蓋(덮을 개)의 속자(俗字).

　　了通(요달) : 해료통달(解了通達)의 준말. 깊은 선정(禪定)을 통해서 사리를 통달하는 것. 사리연구 공부를 통해서 진리를 깨치고 이무애(理無礙)·사무애(事無礙)·이사무애(理事無礙)의 경지에 이르는 것.

世人性淨, 猶如淸天 惠如日 智如月, 智惠 常名於外看敬.

妄念浮雲 蓋覆 自姓 不能明 故遇善知識.

開眞法 吹却名妄, 內外名徹 於自姓中 萬法皆見.

一切法 自在姓 名爲淸淨法身.

세상 사람들도 자성(自性)이 청정(淸淨)하여,

마치 맑은 하늘과 같다.

혜(慧)는 해(日)와 같고 지(智)는 달(月)과 같아서

밖에서도 항상 볼 수 있기에

지혜라 이름(外觀; 外看)하니 공경(恭敬)하라.

망념의 뜬구름이 덮여 있으면 自性(自姓)이 밝지 못하리니

(지혜를) 잘 알고 받들어(善遇;善待)야 하는 연고(緣故)니라.

참된 법신(眞如法身)이 드러나도록(展開)

망령된(妄念) 것(名)들을 물리치려면

(지혜를) 고취(鼓吹; 善吹)해야 할 것이니라.

(그리하여) 안 밖이 사무치게(銘心名心) 밝아지면,

자기의 性品(姓氏) 가운데 모든 법(萬法)이 다 나타나리라.

(그러므로) 모든 법에 자재한 性品(姓氏)을

청정(淸淨) 법신(法身)이라 이름(名)하니라.

自歸衣者除不善行 是名歸衣

스스로 돌아가 의지(依支;衣支)함이라는 것은

잘하지 못한 행을 제거(除去)는 것이며,

이것을 이름(名)하여 귀의(歸依;歸衣)라 하니라.

何名爲千百億化身佛

不思量 性卽空寂 思量 卽是自化

思量惡法 化爲地獄 思量善法 化爲天堂

毒害 化爲畜生 慈悲 化爲菩薩

智惠 化爲上界 愚癡 化爲下方

自姓變化甚名 迷人 自不知見 一念善 知惠卽生.

어떤 것을 천백억 화신불(化身佛)이라고 하는가?

생각하지 않으면 자성은 곧 비어 고요하지만

생각하면 이는 곧 스스로 변화한다.

악(惡)한 법을 생각하면 변화하여 지옥(地獄)이 되고,

선(善)한 법을 생각하면 변화하여 천당(天堂)이 되고,

독과 해침은 변화하여 축생(畜生)이 되고,

자비(慈悲)는 변화하여 보살(菩薩)이 되며,

지혜(智慧)는 변화하여 위의세계(上方世界)로 올라가고,

어리석음(愚癡)은 변화하여

아래세계(下方世界)로 내려오게 된다.

변화가 심(甚)한 自性(姓氏)이란 것(名)을,

미혹한 사람은 스스로 알아보지 못하나니,

(그러므로) 한 생각을 잘해야만

(스스로를 변화시키는) 지혜(智慧)가 곧 생기니라.

(此名自性化身; 이것이 자성의 화신이다)

一燈 能除千年闇

一智能滅萬年愚

莫思向前 常思於後

常後念善 名爲報身

一念惡報 却千年善心

一念善報 却千年惡滅

無常已來 後念善 名爲報身

(何名圓滿報身佛; 어떤 것이 원만보신불인가?)

한 등불이 능히 천년의 어둠(闇)을 없애고

한 지혜가 능히 만년의 어리석음을 없애나니,

이전(前番; 向前)를 생각하지 말고

항상 이후(後來)만을 생각하라.

항상 이후 미래의 생각(後念)이 선(善)한 것을

보신(報身)이라 이름(名) 하느니라.

한 생각의 악한 과보(惡報)는

천년의 착한 마음(善心)을 그치게(却) 하고

한 생각의 착한 과보(善報)는

천년의 악(惡)을 멈추게(却滅) 하나니,

덧없는 과거로부터(無常已來; 無始以來)

이후 미래의 생각이 선(善)함을

보신(報身)이라 이름(名)하느니라.

從法身思量 卽是化身

念念善 卽是報身

自悟自修 卽名歸衣也

皮肉 是色身 是舍宅 不在歸依也 但悟三身卽識大億

법신을 좇아 생각함이 곧 화신(化身)이요,

순간순간의 생각마다 선(善)한 것이 곧 보신(報身)이요,

스스로 깨쳐 스스로 닦음이

곧 돌아가 의지하는 歸依(歸衣)이다.

육신(가죽과 살)의 色身은

집(集合, 執着)이므로 歸依할 곳이 아니며,

다만 삼신(三身)을 깨치면

곧 삼신(三身)의 無窮(大億;數億)함을 (스스로) 알게 되리라.

11. 四願 - 네 가지 원

今既自歸依三身佛已 與善知識 發四弘大願[41]

이미(旣) 스스로 삼신불(三身佛)에 歸依함을 마쳤노라.
이제(今), 광대한(弘大; 廣大)
네 가지 서원(誓願)의 발원(發願)을 내려 주려(與) 하니,
잘 알아들어야 하느니라.

善知識 一時 逐惠能道

혜능이 이끄는(道) (口令; 號令; 說令)에 따라서(逐)
순간(一時)에, 잘 알아야 하느니라.

衆生無邊誓願度
煩惱無邊誓願斷
法門無邊誓願學

---

41) 四弘大願 : 아미타경의 48대원, 약사경의 12대원, 승만경의 10대원, 화엄
경 보현행원품의 10대원. 대승보살의 실천적 발원을 모두 종합적으로 집약
한 것이 사홍서원(四弘誓願)이다. 千手經 四弘誓願 ; 중생무변서원도(衆生
無邊誓願度)-중생이 끝없이 많아도 다 건지오리다. 번뇌무진서원단(煩惱
無盡誓願斷)-번뇌가 다함이 없어도 다 끊어오리다. 법문무량서원학(法門無
量誓願學)-법문이 한량없이 많아도 다 배우오리다. 불도무상서원성(佛道無
上誓願成)-불도가 위없이 높아도 꼭 이루오리다.

無上佛道誓願成

(三昌)

1) 끝없는(無邊) 중생 다 제도하기를 서원합니다.

2) 다함없는(無盡) 번뇌 다 끊기를 서원합니다.

3) 한량없는(無量) 법문 다 배우기를 서원합니다.

4) 위없는 불도(佛道無上) 모두 이루기를 서원합니다.

- 세 번 복창(復唱)하라. -

善知識 衆生無邊誓願度 不是惠能度

善知識 心中衆生 各於自身 自姓自度

(1) 끝없는 중생을 맹세코 다 제도한다(誓願度) 함은

혜능이 제도(濟度)하는 것이 아님을, 잘 알아야 하나니,

제각기 자기의 몸(色身)에 있는,

마음속의 중생(執着)을, 자기의 性品(姓氏)으로

스스로 제도(濟度)하는 것임을 잘 알아야 하느니라.

何名自姓自度

自色身中, 邪見 煩惱愚癡名妄,

自有本覺性 將正見度.

어떤 것을 자기의 性品(姓氏)으로 스스로 제도한다고 하는가?

자기 육신(色身)의 집(集合,執着) 속에는,

삿된 견해(邪見 ; 三毒; 貪瞋癡)인 어리석음(愚癡)에

(미혹한 집착을) 미망(迷妄)이라 이름(外觀)하지만,

본래 깨달음의 성품을 스스로 가지고 있으므로,

바로 봄으로써(正見; 깨친 智慧로)

(執着으로 생긴 마음속에 중생; 煩惱; 迷妄을)

제도(濟度)하는 것이니라.

既悟正見 般若之智

除却愚癡迷妄

衆生 各各自度

邪見正度 迷來悟度 愚來智度 惡來善度 煩惱來菩薩度

如是度者 是名眞度

이미, 바로 보아(正見) 깨친 智慧(般若)로

(삿된 견해,三毒;貪瞋癡) 어리석음(癡)의 (煩惱)에

미혹(迷惑=執着)한 망념(妄念)을 없애 버리면

마음속의 중생(煩惱;妄念)을

제각기 스스로 제도(濟度)한 것이니라.

삿된 견해(邪見)는 바름(正)으로 제도하고

미혹함(迷)이 오면 깨침(悟)으로 제도하고

어리석음(愚)이 오면 지혜(智)로 제도하고

악(惡)이 오면 선(善)으로 제도하며

번뇌(煩惱)가 오면 보살도

(菩薩道; 四弘大願의 煩惱無邊誓願斷)로 제도하나니,

이렇게 제도함을 참(眞)된 제도(濟度)라고 하느니라.

煩惱無邊誓願斷 自心 除虛妄

法門無邊誓願學 學無上正法

無上佛道誓願成 常下心行 恭敬一切

遠離迷執 覺知生般若 除却迷妄

卽自悟佛道成 行誓願力

(2) 끝없는 번뇌를 맹세코 다 끊는다(誓願斷)함은

자기의 마음에 있는 허망한 망념(虛妄)을 제거하는 것이다.

(3) 끝없는 법문을 맹세코 다 배운다(誓願學) 함은

위없는 바른 법(無上正法)을 배우는 것이다.

(4) 위없는 불도를 맹세코 이룬다(誓願成) 함은

항상 마음을 낮추는(下心) 행(行)으로 일체를 공경(恭敬)하며

미혹(迷惑)한 집착(執着)을 멀리 여의고,

바로 보아(正見), 깨침(知見)으로 생긴(生) 智慧(般若)로

미망(迷妄)을 없애는 것이다.

곧 스스로 깨쳐 불도를 이루어

맹세코 바라는 원력(願力)을 행하는 것이니라.

12. 懺悔 - 참회

今旣發四弘誓願訖 與善知識 無相懺悔 三世罪障

이미 사홍서원의 발원(發願)을 마쳤으니(訖), (더불어서)
이제 무상참회(無相懺悔)하는 삼세(三世)의 죄장(罪障)을
잘 알아야 들어야 하느니라.

大師言 善知識.
前念後念及, 今念念 不被愚迷染,
從前惡行 一時 自姓 若除 卽是懺悔.
前念後念及今念 念念 被愚癡染,
除却從前矯誑心, 永斷名爲自性懺.
前念後念及(今念) 念念 不被疽疾染,
除却從前疾垢心, 自性 若除 卽是懺 .
(已上 三唱)

대사께서 말씀하시길, 잘 알아들어야 하느니라.
(1)前念(과거의 생각)과 後念(미래의 생각]으로,
今(현재)의 생각생각(念念)이

어리석음(愚癡)과 미혹(迷惑)에 물들지 않고,

지난날의 나쁜 행동을 한 순간에

자기의 性品(姓氏)에서 없애버리면 이것이 곧 참회(懺悔)니라.

(2)前念(과거의 생각)과

後念(미래의 생각)과 今念(현재의 생각)]으로,

생각마다(念念) 어리석음(愚癡)에 물들어,

지난(從前) 거짓(矯)으로 속인(誑) 마음을 없애도록 하라.

(그리하여) 영원히 끊는 것(名)을

자성(自性)의 참회(懺悔)라 하니라.

(3)前念(과거의 생각)과 後念(미래의 생각)]을,

생각, 생각(念念)하여

노랗게 피 말리는 괴로움(疽疾)에 싸이지 말고,

지난(從前) 괴로움(疾)의

티끌(垢)같은 마음(垢心; 煩惱)도 없게 하라.

(그리하여) 자기의 성품에서

만약 없애 버리면 이것이 곧 참회니라.

(이것을 세 번 복창하라).

善知識 何名懺悔者 終身不作.

悔者 知於前非.

惡業 恒不離心 諸佛前 口說無益.

我此法門中 永斷不作 名爲懺悔

무엇을 참회(懺悔)라고 하는 것(名)이고,

종신(終身)토록 잘못을 짓지 않는 것(名)이 무엇인지?

잘 알아야 하느니라.

뉘우침(悔)라고 하는 것은 과거의 잘못을 아는 것이니,

나쁜 죄업을 항상 마음에서 버리지 않으면

모든 부처님 앞에서 입으로 말하여도 실익(實益)이 없느니라.

(그러므로) 나의 이 법문 가운데는 영원히 끊어서(永斷)

짓지 않음(不作)을 참회라 이름(名) 하느니라.

13. 三歸 - 세 가지 귀의

今旣懺悔已 與善知識 受無相三歸依戒

이미 참회하기를 마쳤으니, (더불어)
이제 무상 삼귀의계(無相 三歸依戒)의 수계(受戒)를,
잘 알아야 하니라.

大師言 善智識
歸衣覺兩足尊.
歸衣正離欲.
歸衣淨衆中尊.
從今已後 稱佛爲師 更不歸衣餘邪名外道
願自三寶 慈悲燈名.

대사께서 말씀하시기를, 지혜로써 잘 알아 들어야 하니라.
깨달음의 양족존(覺兩足尊)에 歸依(歸衣)하오며,
바름의 이욕존(正離欲)에 歸依(歸衣)하오며,
깨끗함의 중중존(淨衆中尊)에 歸依(歸衣)하옵니다.
지금 이후로는 부처님을 스승으로 삼고

다시는 삿됨의 다른(餘) 이름(名)인 외도(外道)에게
歸依(歸衣)하지 않겠사오니,
바라건대, 자성(自性)의 삼보께서 자비로써 밝혀주시기를,
칭명(稱名)하라.

善知識, 惠能 勸善 善知識 歸衣自性三寶,
佛者 覺也 法者 正也 僧者 淨也.

혜능께서 권선(勸善)하는 자성의 삼보님께 歸依(歸衣)함을
잘 알아야 한다고 하셨으니,
부처란 깨달음(覺)이요 법이란 바름(正)이며
승이란 깨끗한(淨)것임을 잘 알아 들어야 하니라.

自心 歸依覺 邪名不生
少欲知足 離財離色 名兩足尊
自心 歸正 念念無邪故 卽無愛著 以無愛著 名離欲尊
自心 歸淨 一切塵勞妄念 雖在自姓
自姓 不染著 名衆中尊
凡夫 解 從日至日 受三歸衣戒.
若言歸佛 佛在何處, 若不見佛 卽無所歸.
旣無所歸 言却是妄.

자기의 마음이 깨달음(覺)에 귀의하여

삿된 것(名)이 나지 않고,

적은 욕심으로 넉넉한 줄을 알아[小欲知足]

재물(財)을 떠나고 색(色)을 떠나는 것을

양족존(兩足尊)이라 하고,

자기의 마음이 바름(正)으로 돌아가

생각마다 삿되지 않으므로 곧 애착이 없나니,

애착이 없는 것을 이욕존(離欲尊)이라고 하고,

자기의 마음이 깨끗함(淨)으로 돌아가

모든 번뇌와 망념이 비록 自性(自姓)에 있어도

自性(自姓)이 그것에 물들지 않는 것을

중중존(衆中尊)이라고 하느니라.

범부가 날이면 날마다

삼귀의계(三歸衣戒)를 받을 줄만 알고서

만일 부처에게 귀의한다고 말했다면

부처를 어느 곳에 두었을까?

만일 부처를 보지 못했다면 곧 귀의할 곳이 없나니,

이미 귀의할 바가 없으면

그 말이란 도리어 허망할 뿐이니라.

善知識, 各自觀察 莫錯用意,

經中 只卽言自歸依佛 不言歸他佛

自姓不 歸無所處

제각기 스스로를 살펴봄에 그릇되게 마음을 쓰지 않도록,

잘 알아야 하느니라.

경의 말씀 가운데

오직 스스로의 부처에게 귀의한다(自歸依佛)하였고,

다른 부처에게 귀의한다는 말이 없으니,

자기의 性品(姓氏)이 아니면 돌아갈 곳이 없느니라.

14. 性空 – 성품이 빔

今旣自歸衣三寶 惣各各至心 與善知識 說摩訶般若波羅蜜法

이미 스스로 삼보에 귀의(歸依:歸衣)하여
모두들 제각기 지극한 마음일 것이다.
(따라서) 이제 마하반야바라밀법을 설(說)하리니,
잘 알아들어야 하니라.

善知識 雖念 不解 惠能與說 各各聽

비록 (마하반야바라밀법을) 생각한다할지라도 알지 못하므로
혜능이 설법(說法)하여 주리니, 각각 잘 듣고 알아야 하니라.

摩訶般若波羅蜜者 西國梵語 唐言 大智惠彼岸到
此法 須行 不在口口念 不行如如化 修行者 法身與佛 等也

마하반야바라밀이란[42]
서역(西域)으로 유전(流轉)한 옛 부처(古佛)의 소식(梵語)이며,

---

42) mahā prajñā pāramitā

당역(唐譯)으로는, 큰 지혜로 저 언덕에 이른다고 하니라.
이 가르침(法門)은 필히 행(行)할 것이요,
구념(口念)하는 입에 있지 않음이라.
행하지 않으면 그저 그렇게 되고(化),
행(行)으로 바뀌는 이는 법신의 부처님(法身佛)과 같음이니라.

何名摩訶 摩訶者 是大
心量 廣大 猶如虛空.
莫定心 座卽吝 無旣空

어떤 것(名)을 마하(摩訶)라고 하는가? 마하란 큰 것이다.
마음으로 헤아린다면 넓고 커서 허공과 같음이니라.
마음은 한정(限定)이 없으나 좌정(坐定)하면 곧 좁아져서(吝嗇)
이윽고(旣) 허공 같은 마음도 없음이니라.
(그리하여 혼몽혼미(昏懞昏迷)한 상태인
완공무별(頑空無別)의 무기공(無記空)에 떨어지니라).

能含 日月星辰 大地山何,
一切草木 惡人善人 惡法善法 天堂地獄 盡在空中.
世人性空 亦復如是

일월성신과 산하대지(사이)에

능히 무엇인가(何) 포함되어 있음이라.

일체의 초목과 악인과 선인, 악법과 선법, 천당과 지옥, 등은

이 허공 속(空中)에 다 포함하고 있나니,

세상 사람의 자성이 공한 것(性空)도 또한 이와 같으니라.

性含萬法 是大 萬法 盡是自姓

見 一切 人及非人, 惡知與善 惡法善法.

盡皆不捨 不可染著

由如虛空 名之爲大 此是摩訶行

자성(自性)이 만법(萬法)을 포함하여 곧 큰(大) 것이며

만법(萬法) 모두가 다 自性(自姓)인 것이다.

모든 것(萬法)을 사람과 사람 아닌 것(法)으로

(상대적으로)보아, 사람(自性)을 선(善)과 악(惡)으로 알면

사람 아닌 것(萬法)은 선법(善法)과 악법(惡法)이니라.

모두 다 버리지도 않고 (그것에) 물 들지도 아니하여

마치 허공과 같은 이유로 그것이 크다는 것(名)이니,

이것이 곧 크게(摩訶) 행(行)하는 것이니라.

迷人口念 智者心

又有名人 空心不思 名之爲大 此亦不是

心量大 不行是少

莫口空說 不修此行 非我弟子

미혹한 이은 입으로 외우고(口念),

지혜 있는 이는 마음으로 외우느니라(心念).

또한 어떤 사람이(有名人)

마음을 비워(空) 생각하지 않는 것(名)을 크다고 하나,

이것 또한 옳지 않으니라.

마음으로 헤아린다면 크다고 하여도,

행하지 않으면 곧 적은 것이니,

입으로만 공연히 말하지 말라,

이 행(行)을 닦지 아니하면 나의 제자가 아니니라.

15. 般若 - 반야

何名般若 般若 是智惠.

一時中 念念不愚 常行智惠 卽名般若行

一念愚 卽般若絶 一念智 卽般若生 心中常愚

我修 般若 無形相 智惠性 卽是

어떤 것을 반야(般若)라고 하는가? 반야는 지혜이다.

일순간에 있어 생각마다 어리석지 않고

항상 지혜를 행하는 것(名)이 곧 반야행(般若行)이니라.

한 생각이 어리석으면 곧 반야(智慧)가 끊기고

한 생각이 지혜로우면 곧 반야(智慧)가 생기(生起)거늘,

마음속이 항상 어리석으니라.

우리가 닦는 반야는 형상이 없나니,

지혜의 성품이 바로 이것이니라.

何名波羅蜜

此是西國梵音 言彼岸到

解義 離生滅

著竟 生滅 去如水有波浪 卽是於此岸

離境 無生滅 如水承長流 故卽名到彼岸 故名波羅蜜

어떤 것을 바라밀(波羅密)이라고 하는가? 이 말은 곧

서역(西域)으로 유전하신 옛 부처(古佛)의 소리(梵音)이며

저 언덕에 이른다(彼岸到)는 말이니라.

뜻을 알면 생멸을 떠난다. 경계 끝에 집착하면 생멸은 흐르는

물(去水)에 파랑이 있음과 같나니, 이는 곧 이 언덕(此岸)이요,

경계를 떠나면 생멸이 없어서

물이 계속 이어져 길게 흐름과 같나니,

곧 저 언덕(彼岸)에 이른다는 것(名)이라

그러므로 바라밀이라 이름(名)하느니라.

迷人 口念 智者 心行

當念時有妄 有妄 卽非眞有

念念若行 是名眞有

悟此法者 悟般若法 修般若行

不修卽凡 一念修行 法身 等佛

미혹한 사람은 입으로 외고,

지혜로운 이는 마음으로 행(行)한다.

생각할 당시(當時)에 망상이 있으면

그 망상이 있는 것은 곧 진실로 있는 것이 아니다.

생각마다 행(行)한다면 이것을 진실이 있다고 하느니라.

이 법을 깨친 이는, 반야(智慧)의 법을 깨친 것이며,

반야(智慧)의 행을 닦는 것이다.

닦지 않으면 곧 범부요,

한 생각(一念)으로 행(行)을 닦으면

법신의 부처(法身佛)와 같으니라.

善知識 卽煩惱是菩提 捉前念 迷卽凡 後念 悟卽佛[43]

번뇌가 곧 보리(卽煩惱是菩提)임을 잘 알아야 하느니,

앞생각을 붙잡아 미혹하면 곧 범부요,

뒷생각에 깨달으면 곧 부처이니라.

善知識 摩訶般若波羅蜜 最尊最上第一 無住無去無來.

三世諸佛 從中出 將大知惠到彼岸

打破五陰煩惱塵勞 最尊最上[44]

---

43) 仏 : 佛의 古字

44) 오음 : 돈황본 제15 般若, 제27 大法(상대법).

五陰; 五蘊: 색수상행식 ;온(蘊)은 인과관계에 의해 생멸하는 유위법(有爲法)의 집적[和合聚]으로 오온은 인간 존재가 다섯 종류의 유위법의 집적에 불과하며 그 실체가 없음을 뜻한다. 오온의 가르침은 붓다가 심리 현상[心所]을 불변의 자아[我]로 착각하는 부류의 중생을 위해 설한 것이라는 『구사론』의 한 해석처럼, 오온은 우리의 자아의식을 부단히 변화하는 네 종류(수상행식)의 심리현상으로 해체하는데 초점이 있다. 초기·부파불교는 오온을 고정불변의 자아[我]가 없다고 하는 이른바 인무아(人無我)로 해석하여 자아를 의미하는 여러 가지 이름들, 예컨대 보특가라(補特伽羅)는 오온의 결합체에 대한 이름일 뿐 그 자체는 실체가 아니라고 주장한다. 하지만 대승은 초기·부파불교가 현상[法]으로서 실체성을 인정하는 오온 자체도 실은 실체로서 존재하지 않는다고 하는 이른바 법무아(法無我)를 주장한다. 이 법무아에 대해 대승을 대표하는 중관학파와 유식학파는 상이하게 해석한다. 예컨대 유식사상가 원측(圓測: 613~696)은 『반야심경(般若心經)』 '오온개공(五蘊皆空)' 주석에서 먼저 오온을 유식학파의 개념인 삼성(三性)에 따라 세 종류로 구분한

마하반야바라밀은 가장 높고 가장 으뜸이며 제일이라

머무름도 없고 가고 옴도 없음을 잘 알아야 하니라

삼세의 모든 부처님이 이 가운데로부터 나와

큰 지혜(知慧;智慧)로써 저 언덕에 이르러

오음(五陰)의 번뇌(塵勞)를 쳐부수나니,

가장 높고 가장 으뜸이니라.

讚最上 最上乘法 修行

定成佛 無去無住無來往

是 定惠等 不染一切法

三世諸佛 從中變三毒 爲戒定惠

가장 으뜸이라 찬탄되는 최상승법으로 수행하면

성불이 결정되어, 감도 없고 머무름도 없으며

내왕 또한 없나니, 이는 정(定)과 혜(慧)가 함께 하여

일체 법에 물들지 않음이다.

삼세의 모든 부처님이 이 가운데서 삼독을 변하게 하여 계·
정·혜(戒定惠)로 삼느니라.

다. 그리고는 호법(護法, Dharmapāla)을 따르는 유식학파는 여기서 존재하
지 않는다. [空=無]로 부정되는 것은 변계소집성(遍計所執性)과 의타기성(依
他起性)의 오온일 뿐이며 원성실성(圓成實性)의 오온은 존재한다고 보았다.
반면 청변(淸辨, Bhāvaviveka)을 따르는 중관학파는 세 종류의 오온 모두의
존재성을 부정한다는 점에서 차이가 보인다.《한국민족문화대백과》인용.

善知識 我此法門 從八萬四千智惠.

何以故 爲世有八萬四千塵勞

若無塵勞 般若常在 不離自姓

悟此法者 卽是無念

無億無著 莫去誑妄 卽自是眞如姓

用知惠觀照 於一切法 不取不捨 卽見姓成佛道

나의 이 법문은

팔만 사천의 지혜(智慧)가 따름을 잘 알아야 하느니,

무엇 때문인가?

세상에 팔만 사천의 번뇌(塵勞)가 있기 때문이니라.

만약 번뇌(塵勞)가 없으면

반야(智慧)가 항상 있어서 自性(自姓)을 떠나지 않느니라.

이 법을 깨친 이는 곧 무념(無念)이니라.

헤아림(億)도 없고 집착도 없어서

거짓(誑)된 迷妄으로 가지를 않나니

이것이 곧 진여(眞如)의 性品(姓氏)이니라.

지혜(知慧; 智慧)로써 비추어 보고,

모든 법을 취(取)하지도 아니하고 버리지(捨)도 않나니,

곧 自性(自姓)을 보아 불도(佛道)를 이루리라.

16. 根機 - 근기

善知識 若欲入甚深法界 入般若三昧者.

直修般若波羅蜜行 但持金剛般(經)若波羅蜜經(一卷)

卽得見性 入般若三昧.

만약 매우 깊은 법계(法界)에 들어가

반야 삼매(般若三昧)에 들어가고자 한다면, 잘 알아야 하니라.

오로지 금강반야바라밀경(한권의 經만)을 가지고

곧바로 반야바라밀의 행(行)을 닦으면,

곧 자성(自性)을 보아 반야 삼매(般若三昧)에 들어가느니라.

當知此人功德 無量, 經中 分名讚嘆 不能具說.

此是最上乘法 爲大智上根人說.

少根人 若聞法 心不生信 何以故

마땅히 이 사람의 공덕이 한량없음을 알아야 한다고 하였고,

경에서는 찬탄한 이유(名分)를

충분히 갖추어 설명하지 못하였으나

이것은 곧 최상승법(最上乘法)이기에 큰 지혜의

상근기인(上根機人)을 위하여 설해진 까닭(名分)이니라.

만약 근기가 작은 사람(少根機人)이, 법(最上乘法)을 들으면

마음에 믿음이 나지 않나니, 무엇 때문인가?

譬如大龍 若下大雨 雨衣閻浮提 如漂草葉,

若下大雨 雨放大海 不增不減

若大乘者 聞說金剛經 心開悟解

故知本性 自有般若之智 自用知惠簡照 不假文字[45)]

비유하면 용왕(大龍)께서 큰 비(大雨)로 내리시면

염부제(閻浮提=南贍部洲)가

빗물에 휩싸(衣)이더라도 가볍게 떠있는 풀잎과 같으니라.

(또한) 큰비가 내리더라도

큰 바다에 방출(放出)된 빗물(水量)은

늘어나지도 않고 줄어들지도 않느니라.

만약 대승인(大乘人)이 설(說)해지는 금강경을 듣게 된다면,

깨달아 알아 마음을 열릴 것이니라.

이러한 까닭(緣故)은

본래 성품이 스스로 반야의 지혜를 지니고 있기에

스스로의 지혜(知慧:智慧)로 대쪽같이 비춤(簡照)으로써,

문자를 빌리지 않음을 알기 때문이니라.

_____

45) 簡 : 簡(대쪽간)

譬如其雨水不從無有

元是龍王 於江海中 將身引此水

令一切衆生 一切草木 一切有情無情 悉皆像潤

諸水衆流 却入大海

海納衆水 合爲一體

衆生本性 般若之智 亦復如是

비유하면, 그것은 빗물처럼 유형(有形).무형(無形)을 따르지
않음이니라.

이러한(是) 빗물은 원래 용왕께서 강과 바다 가운데서 수신
(水身)으로써 이끌고 계시면서, 이를테면(假令),

모든 중생과 모든 초목, 일체의 유정과 무정의 형상(形像)에
모두 다 적셔주셨노라.

모든 물은 여러 갈래로 흘러 큰 바다로 다시 돌아 들어가고

바다는 모든 물을 받아들여 한 몸으로 합쳐지는 것과 같나니,

(그러므로) 중생의 본래 性品인 반야의 지혜(智慧)도 또한

이와 같으니라.

少根之人 聞說此頓教

猶如大地草木 根性自少者 若被大雨一沃 悉皆自到 不能增長

少根之人 亦復如是

근기가 작은 사람이 이 돈교(頓教)의 설법(說法)을 들으면,

마치, 근성이 여린(自少) 초목(大地草木)과 같아서,

큰비를 한꺼번에 물대듯(沃) 맞는다면(被害)

모두 다 저절로 자라지 못함에 이르나니(到達)

근기가 작은 사람도 또한 이와 같으니라.

有般若之智 之與大智之人 亦無差別

因何聞法 卽不悟.

緣邪見障重 煩惱根深

猶如大雲 蓋覆於日 不得風吹 日無能現.

般若之智 亦無大小

爲一切衆生 自有迷心

外修 覓佛 來悟自性.

이(之;是)들도 반야의 지혜가 있고

큰 지혜를 가진 사람과 또한 차별이 없는데,

무슨 까닭으로 법을 듣고도 곧 깨치지 못하는가?

삿된 견해의 장애가 두텁고 번뇌의 뿌리가 깊기 때문이니,

마치 큰 구름이 해를 가려, 바람이 불지 않으면

해가 능히 나타나지 못하는 것과 같으니라.

반야의 지혜 또한 크고 작음이 없으나

일체의 중생들이 스스로 미혹한 마음이 때문에

밖에서 닦으면서도,

부처를 찾아서 자성을 깨치러 왔다고 하느니라.

卽是少根人 聞其頓敎

不信外修 但於自心

令自本性 常起正見

煩惱塵勞衆生 當時盡悟

猶如大海納於衆流 小水大水合爲一體

(그러나) 이같이 근기가 작은 사람일지라도

그 돈교(頓敎)의 설법(說法)을 들은 다음에

밖으로 닦는 것을 믿지 아니하고, 오직 자기의 마음에서

자기의 본성으로 하여금 항상 바른 견해(正見)를 일으키면

번뇌(塵勞)의 중생도 모두 다 당시에 깨치리라.

마치 큰 바다가 여러 갈래의 흐르는 물을 받아들여서

작은 물과 큰물이 합하여 한 몸(一體)이 되는 것과 같으니라.

卽是見性 內外不住

來去自由 能除執心 通達無碍

心修此行 卽與般若波羅蜜經 本無差別

곧 자성(自性)을 보면, 안팎에 머물지 아니하며

오고감에 자유로워 집착하는 마음을 능히 제거(除去)하고

거리낌 없는 통(通)함에 이르나니,

이 행(行)으로 마음을 닦으면

곧 반야바라밀과 더불어 본래 차별이 없느니라.

17. 見性 - 견성

一切 經書及文字 小大二乘 十二部經

皆因置 因智惠性故 故然能建立

我若無 智人 一切萬法 本無不有

故知萬法人興 一切經書因人說有

모든 경서(經書)와 문자(文字), 소승(小乘)과 대승(大乘), 십
이부(十二部) 경전이 다 갖추어진(備置) 원인(原因)은

지혜의 성품에 기인(基因)한 까닭이며

이러한 연고(故然)로 능히 세운 것이니라.

만약 내가 없다면

지혜 있는 사람과 모든 만법도,

(본래가 없었지만….) 있는 것이 아니니라.

그러므로 만법(萬法)이 본래 사람으로 일어난 것이요,

일체 경서(經書)가 사람으로 인하여,

갖춰져 있음(有)을 말(說)한 것임을 알아야 하느니라.

緣在人中有愚有智

愚爲少人 智爲大人

問迷人於智者 智人與愚人說法

令使愚者 悟解深開

迷人 若悟心開 與大智人無別

사람가운데는 우인(愚人)도 있고 지인(智人)도 있기 때문에,

어리석으면 소인(少人)이 되고

지혜로우면 대인(大人)이 되느니라.

미혹한 사람은 지혜 있는 이에게 묻고

지혜 있는 사람은 어리석은 사람을 위하여 법(法)을 설하여

어리석은 이로 하여금 깨쳐서 알아 (마음을)깊이 열게 한다.

미혹한 사람도 만약 깨쳐서 마음이 열리면

큰 지혜 가진 사람과 더불어 차별이 없느니라.

故知不悟 卽是佛是眾生

一念若悟 卽眾生不是佛

故知一切萬法 盡在自身心中

何不從於自心 頓現眞如本姓

그러므로 알라.

깨치지 못하면 곧 이러할(깨칠;姓氏인) 부처도 곧 중생이요,

한 생각에 깨치면

중생이 아니고 곧 이러한(깨친;頓悟) 부처니라.

그러므로 알라.

모든 만법이 다 자기의 몸과 마음 가운데 있느니라.

(그럼에도) 어찌 자기의 마음을 좇아서

진여(眞如)의 本性(本姓)을 단박에 드러내지 못하는가?

菩薩戒云經 我本願自性 淸淨.

識心見性 自成佛道 卽時豁然 還得本心

보살계경에 이르시기를,

나의 自性(自姓)이 본래 청정하다고 말씀하셨다.

마음을 알아 자성을 보면 스스로 부처의 도를 성취하리니,

곧바로 활연히 깨쳐 본래의 마음을 다시 찾기를 바라노라(願).

18. 頓悟 - 단박에 깨침

善知識 我於忍和尙處 一聞 言下 大伍 頓見眞如本性
是故汝敎法 流行後代
今學道者 頓悟菩提
各自觀心 令自本性 頓悟

나는 홍인(弘忍)화상의 처소(處所;會下)에서
한 번(一聞) 듣자마자(言下)
크게 대오를 같이(等伍;伴伍;悟)하고
진여(眞如)의 본래 성품을 단박에 보았으니
그러므로 이 교법(頓敎法)을
후대(後代)에 유행시키고자 함을 잘 알아야 하느니라.
이제 보리(菩提)를 단박에 깨치려 도를 배우려는 이들에게
자기의 성품을 단박에 맞이(悟;悟)하여
제각기 자기의 마음을 보게 할 것이니라.

若能自悟者 須覓大善知識亦道 見姓
何名大善知 解 最上乘法 直示正路 是大善知識
是大因緣 所爲化道令得見佛

一切善法 皆因大善知識能發起

만약 능히 스스로 깨치지 못하는 이는
모름지기 출가도인(出家道人)이신 대선지식(大善知識)을 찾아
自性(自姓)을 볼 것이니라.
어떤 것(名)을 해결(解決)해야 하는지 잘 알아야 하느니라.
최상승법(最上乘法)으로 바른 길을 곧게 가리켜서 해결함이
곧 대선지식(大善知識)이며,
이 큰 인연(因緣)께서는 부처를 보게 하도록 교화(敎化)하고
지도(指道;指導) 하는 것이니,
일체의 최상승법(善法)이란
모두 대선지식(大善知識)으로 인하여 능히 생기느니라.

故三世諸佛 十二部經 云在人性中 本自具有,
不能自姓悟 須得善知識示道 見性.
若自悟者 不假外善知識
若取外求善知識 望得解說 無有是處
識自心內善知識 卽得解

그러므로 삼세의 모든 부처님과 십이부의 경전들이
사람의 성품 가운데 본래부터 스스로 갖추어져 있다고

말할지라도, 능히 자기 性品(성씨)을 깨치지 못했다면

모름지기 선지식의 가르침(示道;指導)을 받고

자성(自性)을 볼지어다. 만약 스스로 깨친 이라면,

밖으로 선지식에 의지(假託)하지 않겠지만,

(그러나) 아직 어리어(若愚)[46] 의지(取)하려거나 조금(若干)의

설명(解說)을 원해서(望) 밖으로 선지식을 구한다면, 그런 곳은

없느니라. (차라리) 자기 마음속의 선지식을 아는 것이(識心)

곧 (더 빠르게 풀려) 깨치게(解決) 되리라.

若自心 邪迷 妄念顚倒

外善知識 卽有教授 汝若不得自悟

當起般若觀照 刹那間 妄念 俱滅

卽是自眞正善知識 一悟卽知佛也[47]

자기의 마음이 삿되고 미혹하여 망념으로 전도되면

밖에서 선지식이 가르쳐 준들

네가 아직 어리어(若愚) 스스로 깨치지 못할 것이나,

곧(當場) 반야(智慧)로 비추어 본다(觀照)면

순간(刹那)에 망념(妄念)이 일어남도 모두 소멸되리라.

(알고 보면) 자신의 진정한 선지식(善知識)이

---

46) 若愚(약우) ; 바둑에서, 아직 어리석은 경지(境地)에 있다는 뜻으로, '2단'을
  일컫는 말.
47) 那 ; 耶(어찌나)와 同字

곧바로 한 번에 깨치게 하여 부처를 알게 하는 것이니라.

自性心地 以智惠觀照

內外名徹 識自本心

若識本心 卽是解脫

旣得解脫 卽是般若三昧 悟般若三昧 卽是無念

자성의 마음자리를 지혜(智慧)로써 비추어 보면(觀照),

안팎이 사무치게(銘心名心) 밝아

자기의 본래 마음을 알게 되나니.

만약 본래 마음을 알았다면 이것이 곧 해탈(解脫)이요,

이미 해탈을 얻었다면 이것이 곧 반야 삼매(般若三昧)이며,

반야 삼매의 깨달음이 곧 무념(無念)이니라.

何名無念

無念法者 見一切法 不著一切法

遍一切處 不著一切處

常淨自性 使六賊 從六門走出 於六塵中 不離不染 來去自由

卽是般若三昧 自在解脫 名無念行

어떤 것을 무념(無念)이라고 하는가?

무념법이란 모든 법을 보되 그 모든 법에 집착하지 않으며,

모든 곳에 두루 하되 그 모든 곳에 집착치 않고

항상 자기의 성품을 깨끗이 하여

여섯 도적(六賊; 六根; 六門)으로 하여금

육문(六門)으로 달려 나가게 하나

육진(六塵; 六境) 속을 떠나지도 않고

물 들지도 않아서 오고감에 자유로운 것이다.[48]

이것이 곧 반야 삼매(般若三昧)이며

자재해탈(自在解脫)인 무념행(無念行)이라 이름 하느니라.

莫百物不思 當令念絶

卽是法傳 卽名邊見

悟無念法者 萬法盡通

悟無念法者 見諸佛境界

悟無念頓法者 至佛位地

모든(百物) 것(法)을 생각하지 않음으로써

곧 생각이 끊어지도록 하지 말라.

이것은 법에 전염(傳染)됨이고 곧 변견(邊見)[49] 이라 하니라.

---

48) 육근(六根) : 육식(六識)이 경계[六境]를 인식하는 경우 그 소의(所依)가 되는 여섯 개의 뿌리. 대경(對境)을 인식하게 하는 근원적 요소. 곧 심신을 작용하는 여섯 가지 감각기관으로서, 眼根·耳根·鼻根·舌根·身根·意根의 총칭이다. 육입(六入), 육처(六處), 육적(六賊), 육문(六門)이라고도 한다.
49) 변견(邊見); 오견(五見)의 하나, 邊執見이라고도 한다.
  변집견(邊執見) : 편벽된 극단에 집착하는 견해. 我는 死後에도 常住한다고 생각하는 常見과 我는 死後에는 단절된다고 생각하는 斷見에 고집하는 견

무념 법을 깨친 이는 모든 법(萬法)에 다 통달하고,

무념 법을 깨친 이는 모든 부처의 경계(境界)를 보며,

무념의 돈법(頓法)을 깨친 이는

부처의 지위(地位)에 이르느니라.

해를 말하며, 邊見이라고도 한다.

19. 滅罪 - 죄를 없앰

善知識 後代 得悟法者 常見吾法身 不離汝左右

善知識

將此頓教法門 同見同行

發願受持 如是佛故

終身受持而不退者 欲入聖位

훗날 법(무념의 돈법)을 깨달은 이는

자신의 법신(法身)이 너희의 좌우를 떠나지 않고

항상 나타남을 잘 알아야 하니라.

장차 이 돈교법문(頓敎法門)과

한가지로 만나(同見) 한가지로 따라(隨行)간다면

받아 지니고(受持) 발원하는 이러한(깨친) 부처와 같음이라.

그러므로 부처(聖人)의 지위(地位)에 들려고 하면

수지(受持)하고도 마지막(終身)까지

물러나지 않는 것(不可逆的)임을 잘 알아야 하느니라.

然須縛受時

從上已來 嘿然而付於法

發大誓願 不退菩提 卽須分付

若不同見解 無有志願

在在處處 勿妄宣傳 損彼前人 究竟無益

若遇人不解 謾此法門

百劫萬劫千生 斷佛種性

그리하여 (돈교법문과) 한꺼번에(具縛;同縛) 받을(受持)적에는

모름지기 예로부터 말없이 법을 부촉하심이니,

물러나지 않는(不退) 보리심(菩提心)의 대서원으로 발심하기를

곧 모름지기 분부(分付;下命)한 것이니라.

만약 견해(見解)가 같지 않거나 의지와 서원(誓願)이 없다면

곳곳마다 망령되이 널리 알리어(宣傳)

그전 사람을 손상케 하지 말라. 끝내 이익이 없음이라.

만약 만나는 사람이 이해하지 못하여

이 (頓敎)법문을 업신여긴(謾侮)다면

백겁 만겁 천생토록 부처의 종자(性氏)를 끊게 되리라.

大師言 善知識 聽悟說無相訟

令汝名者罪滅 亦名滅罪頌 頌曰

대사께서 말씀하시기를,

96

무상(無相)의 깨침(德性)을 기린(訟:頌;) 게송을,

설하리니 잘 듣고 알아야 하니라.

너희로 하여금 죄(罪)라는 것(名)을 없애도록 하리니

또한 죄를 없애는 게송(滅罪頌)이라 이름(名) 하느니라.

게송으로 말씀하셨다.

愚人修福不修道　謂言修福而是

布施供養福無邊　心中三業元來在

1) 어리석은 사람은 복은 닦고 도는 닦지 않으면서

복을 닦음이 곧 옳다(是)라고 말한다.

보시 공양하는 복이 끝이 없으나

마음 속 삼업(三業)은 원래대로 남아 있도다.

若將修福欲滅罪　後世得福罪無造

若解向心除罪緣　各自世中眞懺海

2) 만약 복을 닦아 죄를 없애고자 하여도

후세에 복은 얻으나 죄를 짓지 않겠는가.

만약 마음속에서 죄의 반연 없앨 줄 안다면

제각기 자기 내면세계의 참된 큰(海)참회(懺)니라.

若悟大乘眞懺海　除邪正迈無罪
學道之人能自觀　卽與悟人同一例

3) 만약 대승의 참된 큰(海) 참회(懺悔)를 깨치면
샷됨이 제거되어 바르게 가서 죄가 없어지고.
도를 배우는 사람이 능히 스스로 보면
곧 깨친 사람과 더불어 동일하게 보이니라.

大師令傳此頓敎　願學之人同一體
若欲當來覓本身　三毒惡緣心中洗

4) 대사께서 이 돈오의 가르침을 전하심은
배우는 사람이 같은 한 몸 되기를 원해서이다.
만약 장차 본래의 몸을 찾고자 한다면
삼독의 나쁜 인연을 마음속에서 씻어라.

努力修道莫悠悠　忽然虛度一世休
若遇大乘頓敎法　虔誠合掌志心求

5) 힘써 도를 닦아 유유히 지내지 말라.
어느덧 헛되이 지나 한세상 끝나리니
만약 대승의 단박 깨치는 돈교 법을 만났거든

정성들여 합장하고 지극한 마음으로 구하라.

大師說法了 韋使君官寮僧衆道俗 讚言無盡 昔所未聞

대사께서 법을 설하여 마치시니,
위자사(使君;刺史)와 관료(官寮;官僚), 스님들과 도인과
속인이, 예전에 듣지 못한 것이라며,
찬탄하는 말이 끊이지 않았다.

20. 功德 - 공덕

使君 禮拜 自言

和尙說法 實不思議

弟子當有少疑 欲聞和尙

望意和尙 大慈大悲 爲弟子說

자사(使君; 刺史;刺使, 君;公)가

예배하면서 자연스럽게 말씀 드렸다.

화상께서 법(法)을 설(說)하심은 실로 불가사의 합니다.

제자가 애초(當初)에 조금의 의심이 있어서

화상께 듣고자 하옵니다.

바라건대 대자대비하신 화상의 헤아림(意中)을

제자에게 설해 주소서.

大師言 有疑卽問 何須再三

육조대사께서 말씀하기길, 의심이 있으면 질문하라.

어찌 두 번 세 번 질문할 필요가 있겠는가.

---

50) 刺使: 刺史(감찰행정관)을; 날카롭게 찌르는 사신(使臣)에 빗대어 흔히들
     刺使라 표현)

使君 聞法可, 不不是 西國 第一祖 達磨祖師 宗旨.

大師言是

자사(使君)가 법(法)을 들을 수 있겠습니까?

제 일조 달마조사의 종지(宗旨)가

서역의 종지(宗旨) 아니지 않습니까?

대사께서 말씀하셨다. 그렇다.

弟子見說 達磨大師伐梁武 諦問達磨

朕 一生未來 造寺布施供養 有有功德否

達磨答言 並無功德

武帝惆悵 遂遣達磨 出境,

未審此言 請和尚說

제자가 듣자보니

달마대사께서 양무제(梁武帝)를 비평(批評)하실 때,

양무제가 달마대사께 진제(眞諦)에 대해 묻기를,

짐(朕)이 한평생 절을 짓고 보시를 하며 공양을 올렸는데

내세(來世; 未來)에 공덕(功德)이 계속 있지 않습니까?

라고 하자, 달마대사께서 전혀(全部) 공덕이 없습니다.

라고 대답하니. 무제는 실망(惆悵)하여

마침내 달마를 국경 밖으로(出境) 내보내었다고 하였는데,

이 말을 잘 알지 못하오니(未審),

청하건대 화상께서는 설하여 주시옵소서.

六祖言. 實無功德 使君 勿疑達磨大師言.

武帝著邪道 不識正法

육조대사께서 말씀하셨다.

실로 공덕이 없으니,

자사(使君)는 달마대사의 말씀을 의심하지 말라.

무제가 삿된 도(邪道)에 집착하여

바른 법(正法)을 모르는 것이니라.

使君 問 何以無功德

자사(使君)가 물었다. 어찌하여 공덕이 없습니까?

和尙 言. 造寺布施供養 只是修福 不可將福.

以爲功德 在法身, 非在於福田.

自法性 有功德, 平直是德 佛性外行恭敬.

若輕一切人 悟我不斷

卽自無功德 自性虛妄 法身 無功德.

念念德行 平等眞心 德卽不輕.

常行於敬 自修身 卽功 自修身心 卽德, 功德 自心作.

福與功德別 武帝不識正理 非祖大師有過.

(육조)화상께서 말씀하셨다.

절을 짓고 보시하며 공양을 올리는 것은

다만 복을 닦는 것이요 복을 취함이(將) 가능치 않음이니

공덕은 법신(法身)에 있고 복 밭(福田)에 있지 않으니라.

자기의 법성(法性)에 공덕이 있고,

평등하고 곧음이 곧 덕(德)이니 불성처럼 다르게 공경함이라.

만약 모든 사람을 경시하는 아상(我相)을 깨쳐서 끊지 못하면

곧 자기의 공덕이 없고 자성이 허망하여

법신(法身)에 공덕도 없느니라.

생각마다 덕을 행하여 진심으로 평등하면

공덕(功德)이 곧 가볍지 않으니라.

(그러므로) 항상 공경하고 법신에서 닦으면 즉 공(功)이요,

심신(心身)에서 닦으면 곧 덕(德)이니

공덕은 자기의 마음으로 짓는 것이니라.

(이처럼) 복(福)과 공덕(功德)이 다르거늘

무제(武帝)가 바른 이치(正理)를 알지 못한 것이요,

달마대사(弟一祖)께 허물 있는 것이 아니니라.

21. 西方 - 서방극락

使君 禮拜 又問.

弟子見 僧道俗 常念阿彌大佛 願往生西方.

請和尙說, 德生彼否 望爲破疑.

자사(使君)가 예배하고 또 물었다.

제자가 보니, 스님과 도인과 속인이

항상 대아미타불을 생각(念)하면서

서방(西方)으로 가서나기(往生)를 바랍니다.

청하건대 화상께서 설(說)해 주소서.

덕(德)으로 저기에 날 수 있지 않습니까?

바라건대 의심을 풀어(破) 주소서.

大師言. 使君 聽. 惠能 與說.

世尊 在舍衛國 說西方引化.

經文 分明 去此不遠. 只爲下根 說近, 說遠 只緣上智

대사께서 말씀하셨다.

자사(使君)는 들어라. 혜능이 말하여 주리라.

사위국(舍衛國)에 계시던 세존께서도

가서(西方) 접인(接引)할 교화법에 대하여 말씀하셨나니,

경(經)의 뚜렷한(分明) 문장(文章)으로,

여기에서 멀지 않다(去此不遠)고 하는 것은,

다만 근기가 낮은 하근기인(下根幾人)에게

가깝다고 말하는 것이고,

멀다(遠)고 말하는 것은

단지 지혜가 높은 사람(上根機人)이기 때문(緣由)이니라.

人自兩重法無不,

名悟有殊 見有遲疾.

迷人 念佛生彼, 悟者 自淨其心.

所以言佛 隨其心淨 則佛土淨.

사람 스스로가 두 가지 법칙에 치우치지 않을 수 없기에,

깨침(見性)이 더디고(遲) 빨라(疾)서

깨치는 것(名)도 다름이니라.

미혹한 사람은 저기에 나려고 염불하지만,

깨친 사람은 스스로 그 마음을 깨끗이 하니라.

그러한 까닭으로 부처님께서 말씀하기를,

그 마음이 깨끗함에 따라

곧 부처님의 국토도 깨끗하다고 하셨느니라.

使君 東方 但淨心 無罪,

西方 心不淨 有愆, 迷人 願生,

東方西 者所在處 並皆一種.

자사(使君)야,

동쪽(此岸)일지라도 다만 마음이 깨끗하면 죄가 없고, 서쪽

(彼岸)일지라도 마음이 깨끗하지 않으면 허물이 있는데,

미혹한 사람은 (가서;往) 나기를 원하나,

동방과 서방에 사람이 있는 곳으로는 모두 다 한가지로다.

心但無不淨 西方 去此不遠,

心起不淨之心 念佛往生難到

除惡 即行十萬, 無八邪 即過八千,

但行眞心 到如禪指.

다만 마음에 깨끗함 없지 않으면

서방(淨土)이 여기서 멀지 않고,

마음에 깨끗하지 아니한 마음(생각)이 일어나면

염불(念佛)하여 왕생(往生)하고자 하여도 이르기 어렵니라.

악(十惡)[51] 을 제거하면 곧 십만 리를 가고,

---

51) 十惡: 열 가지 악으로 십선(十善)의 반대이다. 身·口·意의 삼업(三業)으로 짓
는 열 가지 죄악이다. 곧 살생(殺生)·투도(偸盜)·사음(邪婬)의 세 가지 신업(身
業)과 망어(妄語)·기어(綺語)·악구(惡口)·양설(兩舌)의 네 가지 구업(口業)과
탐욕(貪欲)·진에(嗔恚)·사견(邪見)의 세 가지 의업(意業) 등으로 지은 악업.

팔사(八邪)가[52] 없으면 곧 팔 천리를 지날 것이다.

다만 진심(眞心)으로 행하면 도달하는 것은

선(禪)에서 가리키는(一彈指)것과 같으니라.

使君 但行十善 何須更願往生.

不斷十惡之心 何佛 卽來迎請.

若悟無生頓法 見西方 只在刹那,

不悟頓敎大乘 念佛 往生路遙 如何得達.

자사(使君)야, 다만 십선(十善)을 행했더라면

어찌 재차 왕생하기를 바랄 필요(必要)까지 있겠는가.

십악(十惡)의 마음을 끊지 못하면

어느 부처가 와서 맞이하겠는가.

만약 남이 없는 돈법(無生頓法)을 깨치면

서방정토가 찰나일 뿐이요,

만약 대승돈교(大乘頓敎)을 깨치지 못하면

염불을 하여도 왕생할 길이 요원(遙遠)하건대,

어떻게 도달하겠는가.

六祖言. 惠能 與使君 移西方刹那 問日前便見. 使君 願見否.

---

52) 八邪(팔사); 여덟 가지 그릇된 길. 곧 팔정도(八正道)의 반대. 사견(邪見)·사
    사(邪思)·사어(邪語)·사업(邪業)·사명(邪命)·사정진(邪精進)·사념(邪念)·사정
    (邪定).

육조께서 말씀하셨다.

혜능이 자사(使君)에게 며칠 전에 물었던 서방(淨土)를

찰나에 옮겨 곧 보여 주겠노라.

자사(使君)는 보기를 원하지 않는가?

使君 禮拜. 若此得見 何須往生.

願和尙 慈悲 爲現西方, 大善.

자사(使君)가 예배하고서 (말하였다).

만약 여기서 보게 된다면

어찌 (西方에) 가서 태어날 필요까지 있겠습니까?

바라건대 화상께서 자비로써

서방(淨土)를 시현(示現)하시여

크게 선도(善導)하여 주시옵소서.

大師言 唐見西方無 疑卽散

대사께서 말씀하셨다.

느닷없이(唐) 나타나는 서방(淨土)이 없다고

의심이 든다면 당장(卽時) 흩어져라.

大衆 愕然 莫知何是, 大師曰大衆, 大衆 作意聽.

世人 自色身 是城, 眼耳鼻舌身 卽是城門.

外有六門 內有意門.

心卽是地 性卽是王, 性在王在 性去王無.

性在身心存 性去身壞,

佛是自性作 莫向身求.

自性 迷 佛卽衆生, 自性 悟 衆生 卽是佛.

대중들이 몹시 놀라(愕然) 왜 이러는지 알지 못하자

대사께서 대중에게 말씀하셨다.

대중은 정신 차리고(作意)[53] 들어라

세상 사람의 자기 육신(色身)이 성(城)이라면 안이비설신(眼耳鼻舌身), 의(意)는 곧 성의 문(門)이다.

(이렇게) 밖으로 여섯 문(六門;六根)[54]이 있지만,

안에 있는 것을 意門이라 한다.

마음은 곧 땅(地)이요 성품은 곧 왕(王)이니

성품(性品)이 있으면 왕(王)이 있고

성품이 가면 왕은 없느니라.

성품(性品)이 있으면 심신(心身)이 있지만,

성품이 가면 몸(色身)까지 무너지느니라.

부처는 자기의 성품이 지은 것이니(佛是自性作),

몸(色身)에서 구하지 말라.

---

53) 作意(작의) : 마음을 일으키고 일깨워 대상으로 향하게 하는 마음 작용.

54) 육문(六門) : 육근(六根), 육입(六入), 육처(六處), 육적(六賊)라고도 한다.

자기의 성품이 미혹하면 부처가 곧 중생이요
자기의 성품을 깨달으면 중생이 곧 부처이니라.

慈悲 卽是觀音 喜捨 名爲勢至, 能淨 是釋迦 平眞 是彌勒,
人我 是須彌 邪心 是大海, 煩惱 是波浪 毒心 是惡龍,
塵勞 是魚鱉 虛妄 卽是神鬼, 三毒 卽是地獄 愚癡 卽是畜生,
十善 是天堂

자비(慈悲)는 곧 관음(觀音)이요
희사(喜捨)는 세지(勢至)라고 하면,
능히 깨끗함(淨)은 석가요,
진심(眞心)으로 평등(平等)함은 미륵이며,
인아상(人我相)은 수미산이요,
삿된 마음(邪心)은 큰 바다이며,
번뇌(煩惱)는 파랑이요, 독한 마음(毒心)은 악한 용이며,
진로(塵勞)는 물고기와 자라요, 허망(虛妄)은 곧 귀신이며,
삼독(三毒)은 곧 지옥이요, 어리석음(愚癡)은 곧 축생이며,
십선(十善)은 천당이니라.

我無人 須彌自倒,
除邪心 海水竭,
煩惱無 波浪滅,

毒害除 魚龍絶.

인아상(人我相)이 없으면 수미산이 저절로 거꾸러지고
삿된 마음(邪心)을 없애면 바닷물이 마르며,
번뇌(煩惱)가 없으면 파랑이 없어지고
독해(毒害)를 제거하면 물고기와 용이 절명(絶命)하느니라.

自心地上覺性 如來 施大智慧光明 照耀六門淸淨.
照波 六欲諸天 下照 三毒 若除 地獄 一時消滅,
內外明徹 不異西方.
不作此修 如何到彼.

자기 마음 땅위에 있는 성품을 깨치면 여래(如來)요,
부처님(如來)께서 대지혜의 광명을 베풀어주시면
六門이 청정하게 빛나고
육욕(六欲)[55]의 모든 하늘까지 빛나는 파장이 되어,
아래로 비추어 삼독(三毒)이 제거된다면
지옥(地獄)까지도 일시에 소멸(消滅)되나니
(이처럼) 안팎으로 사무쳐 밝으면
서방(淨土)과 다르지 않음이라.
(그러함에도) 이러한 수행을 닦지 아니하고

---

55) 六欲(육욕) : 색성향미촉법(色聲香味觸法), 또는 욕계 6천.

어찌 피안(彼岸)에 이르겠는가.

座下問說 讚聲 徹天 應是迷人 人然便見

물음에 설명하시는 법좌 아래에서
찬탄하는 소리가 하늘을 뚫었으니,
응당 미혹한 이도 사람이라서
자연히 곧 (밝음을) 볼 수 있으리라.

使君 禮拜 讚言善哉善哉 普願法界衆生 聞者一時悟解

자사(使君)가 예배드리고 찬탄하여 말하기를,
훌륭하십니다! 훌륭하십니다!
원컨대, 온 법계의 중생에게 두루 펼치시어
듣는 이들이 일시에 깨쳐 알게 하소서!

22. 修行 - 수행

大師言 善知識 若欲修行 在家 亦得 不由在寺

在寺不修 如西方心惡之人

在家若修行 如東方人修善

但願自家修 淸淨卽是惡方

대사께서 말씀하셨다.

만약 수행하기를 바란다면 세속에서도 가능한 것이니,

또한 절에 있다고만 되는 것이 아님을 잘 알아야 하느니라.

절에 있으면서 닦지 않으면

서방(淨土) 사람의 마음이 악(惡)함과 같고,

세속에 있으면서 수행하면

동방(穢土) 사람도 선(善)을 닦음과 같으니라.

다만 바라건대 자발적(自家)으로 닦아

곧 악방(惡方)까지 (모두 다) 청정해지기를 바라노라.

使君問 和在家如何修 願爲指授

자사(使君)가 물었다.

어떻게 하면 세속과 조화(調和)되도록 닦습니까?
바라건대 가리켜 주소서.

大師言 善知識 惠能 與道俗作無相頌 盡誦取.
衣此修行 常與惠能 一處無別

대사께서 말씀하셨다.
혜능이 도인(道人)과 속인(俗人)에게
형상 없는 게송(無相頌)을 지어 주리니,
잘 알아듣고, 다들 외어 지녀라.
이것을 의지(衣支; 依支)하여 수행하면
항상 혜능과 더불어 한 곳에 있음과 다름이 없느니라.

頌曰

게송으로 말씀하셨다.

說通及心通　　如日至虛空.
惟傳敎法　　出世破邪宗.

설법도 통달하고 마음도 통달함이여!
해가 허공에 떠오름과 같나니

오직 가르침(敎法)만 전하여

세상에 나타난 삿된 종취를 부수는구나.

敎卽無頓漸　　迷悟有遲疾.

若學頓敎法　　愚人不可迷.

가르침에는 돈과 점이 없으나

미혹함과 깨침에 더디고 빠름이 있나니

만약 돈교의 법을 배우면

어리석은 사람이라도 미혹하지 않느니라.

說卽須萬般　　合離還歸一.

煩惱暗宅中　　常須生惠日.

설명하자면 여러 가지가 필요하나

붙였다(合算) 떼였다(分離)하면 다시 하나로 돌아오나니

번뇌의 어두운 집 안에

항상 지혜의 해(日)가 떠오르게 하라.

邪來因煩惱　　正來煩惱除.

邪正疾不用　　淸淨至無餘.

삿됨은 번뇌를 인연하여 오고

바름이 오면 번뇌가 사라지나니

삿됨과 바름을 사용할 틈(疾)이 없으면

여지없이(無餘) 깨끗함(淸淨心)에 이르느라.

菩提本淸淨　　起心卽是妄.

淨性於妄中　　但正除三障[56].

보리(菩提)는 본래 깨끗하나

마음 일으키는 것이 곧 망상이라

깨끗한 성품은 마음속에 망념을

바로하여야만 세 가지 장애가 사라지느라.

世間若修道　　一切盡不妨.

常現在己過　　與道卽相當.

세간에서 만일에 도를 닦더라도

모든 것들에 다 방해받지 않나니

항상 드러난 허물도 자기에게 있는 것이며

(결국) 도를 돕는 것들에 해당하느라.

---

56) 三障(삼장) : 煩惱障(번뇌장) ; 끊임없이 일어나는 번뇌에 의한 장애. 업장(業障) ; 아버지를 죽이거나 어머니를 죽이거나 아라한을 죽이거나 승가의 화합을 깨뜨리거나 부처의 몸에 피를 나게 하는 오역죄(五逆罪)를 저지른 장애. 이숙장(異熟障) ; 악한 행위를 저지른 과보로 받은 지옥·아귀·축생 등의 생존으로 인해 청정한 수행을 할 수 없는 장애.

色類自有道　　離道別覓道.

覓道不見道　　到頭還自懊.

형상(形相)있는 것에는 스스로 도가 있거늘

도를 떠나 따로 도를 찾는지라

도를 찾아도 도를 보지 못하나니

결국(到頭) 도리어 스스로 고뇌 하도다.

若欲貪覓道　　行正卽是道.

自若正心　　暗行不見道.

만약 굳이 도를 찾고 싶다면

행(行)의 바름이 곧 도이니

스스로에게 만약 바른 마음이 없으면

어둠 속을 감이라 도를 보지 못하느니라.

若眞修道人　　不見世間愚.

若見世間非　　自非却是左.

참으로 도를 닦는 사람이라면

세간의 어리석음을 보지 않나니

만약 세간의 잘못을 보았다면

도리어 자기가 잘못되었음을 증거 하니라.

他非我有罪　我非自有罪.

但自去非心　打破煩惱碎.

남의 잘못은 나의 죄과요

나의 잘못은 스스로 죄 있음이니

다만 자기의 잘못된 생각조차 비우려면

번뇌를 처부수고 깨뜨려야 하느니라.

若欲化愚人　是須有方便.

勿令破彼疑　卽是菩提見.

어리석은 사람을 교화하고 싶다면

모름지기 방편이 있어야 하나니

그것(잘못된 생각)을

깨는 것(大人의 방편)을 의심하지 말라.

이(번뇌가 깨지면)는 곧 보리가 나타남이로다.

法元在世間　於世出世間.

勿離世間上　外求出世間.

법은 원래 세간에 있나니
세간에서 세간을 벗어나거나
세간을 떠나지 말라
밖에서 구함은 세간을 벗어난 것이니라.

邪見出世間　　正見出世間.
邪正悉打却　　~.

삿된 견해로 세간을 벗어났고
바른 견해로 세간을 벗어났다면
삿됨을 남김없이 쳐내고
바름에서도~ 물러나 쉬어라(却).

此但是頓敎　　亦名爲大乘.
迷來經累劫　　悟則刹那間.

이는 다만 단박에 깨치는 가르침이며
또한 대승(大乘)이라 이름 하나니
미혹하면 수많은 세월을 지나나
깨치면 순간(刹那) 이로다.

23. 行化 - 교화를 행하심

大師言 善智識 汝等 盡誦取此偈

依偈修行 去惠能千里 常在能邊

此不修 對面千里

各各自修 法不相持

衆人 旦散 惠能 歸漕溪山

衆生 若有大疑 來彼山間

爲汝破疑 同見佛世

대사께서 말씀하셨다.

너희들은 다들 이 게송을 외어 지니되,

지혜로써 잘 알아야 하느니라.

이 게송에 의지하여 수행하면

천리를 혜능과 떨어져 있더라도

항상 혜능의 곁에 있는 것이요,

이를 수행하지 않으면

얼굴을 마주하여도 천리를 떨어져 있는 것이다.

각각 스스로 수행하면 법을 서로 지님이 아니겠느냐.

여러 사람들은 동트면 흩어져라.

혜능은 떠나(氵) 조계산(曹溪山)으로 돌아가리라.

만약 중생 가운데 큰 의심이 있거든 저 산속으로 오너라.

너희의 의심을 깨는 것(大人의 방편)으로 (번뇌가 깨져)

다함께 부처의 세계(佛世)를 보게 하리라.

合座官尞道俗 禮拜和尙 無不嗟嘆, 善哉 大悟,

昔所未問 嶺南有福 生佛在此 誰能得智,

一時盡散.

함께 앉아 있던 관료(官僚;官尞, 刺史;刺使)와 도인(道人)과

속인(俗人)들이 화상께 예배하며 찬탄하지 않는 이가 없이,

크게 깨치시어 훌륭하십니다!

예로부터 영남은 복이 있어, 생불(生佛)이 여기 계시는데

능히 지혜를 얻고자 한다면 누구인들 묻지 않겠습니까?

(그런 다음) 한꺼번에 다 흩어졌다.

大師往曹溪山 韶廣二州 行化四十餘年

(韶州 大梵寺에서) 대사께서 조계산(韶州 曹溪山)으로 가시어,

소주(韶州)·광주(廣州) 두 고을에서 사십여 년을 교화하시었다.

若論門人 僧之與俗 三五千人 說不盡

---

57) 曹溪山 아래 개울건너가야 했기에 漕溪山으로 표기하기도 한다. 다음 문장
과 연결해서 다양하게 해석될 수 있다.

若論宗指 傳授壇經 以此爲衣約

若不得壇經 卽無稟受

須知法處年月日性名 遍相付囑

無壇經稟承 非南宗定子也

未得稟承者 雖說頓敎法 未知根本 修不免諍

但得法者 只勸修行 諍是勝負之心 與道違背

만약 문인을 말한다면

스님과 속인이 삼오천 명이라 다 말할 수 없을 정도 이니라

만약 종지(宗旨)를 가리켜 말한다면 단경(壇經)을 전수하여

이에 의지(衣支;依支)하여 따르게 하였다.

만약 단경(壇經)을 얻지 못하면

곧 법을 이어받지 못한 것이니,

모름지기 법을 받은 장소(得法處)와 일시(日時;年月日)와

姓名(性名)을 알아서 두루 서로 부촉(付囑)하되

단경(壇經)을 이어받지 못하였으면

남종(南宗)에서 정(定)해진 제자(弟子)가 아니다.

단경(壇經)을 이어받지 못한 사람은

비록 돈교법(頓敎法)을 말하나 아직 근본을 알지 못함이라,

닦으면서 다툼을 면치 못할 것이니

오직 법(頓敎法)을 얻은 사람에게만 수행을 권하라.

다툼은 이기고 지는 마음이니 道와는 어긋나는(違背) 것이다.

24. 頓修 – 단박에 닦음

世人 盡傳 南能比秀 未知根本事由

且秀禪師 於南荊府堂陽縣玉泉寺 住時修行

惠能大師 於韶州城東三十五里漕溪山住

法卽一宗 人有南比 因此便立南北

세상 사람이 다 전하기를

남쪽 혜능에 견주어(比) 신수(南能北秀)라 하지만

아직 근본적인 근거(事由)을 알지 못하는 말이니라.

또 신수(神秀)선사께서

형남부(荊南府)의 형부(荊府) 당사(堂舍)가 있는

당양현(當陽縣) 옥천사(玉泉寺)에 주지로 수행하실 때(時)에,

혜능(慧能)대사는 소주성에서 동쪽 삼십 오리 떨어진(氵) 조계

산(曹溪山)에 머물고 계셨으니,

법은 한 종(宗)이지만 사람을 남쪽에 견줌(比)으로

이로 인해 남쪽과 북쪽이 서게 되었느니라.

何以漸頓 法卽一種 見有遲疾

見遲卽漸 見疾卽頓

法無漸頓 人有利鈍故 名漸頓

무엇 때문에 점(漸)과 돈(頓)이라고 하는가?
법(法)은 한가지로되
보는(見解)것에서 더디고 빠름이 있기 때문이다.
보는(見解)것이 더딘즉 점(漸)이요,
보는(見解)것이 빠른즉 돈(頓)이다.
법(法)에는 점(漸)과 돈(頓)이 없으나
사람에게는 영리(榮利)함과 우둔(愚鈍)함이 있는 까닭으로
점(漸)과 돈(頓)이라 한 것이니라.

神秀師常見人 說惠能法 疾直旨路
秀師遂換門人僧志誠曰
汝聰明多智 汝與吾至漕溪山
到惠能所 禮拜但聽
莫言吾使汝來
所德意旨 記取 却來與吾說
看惠能見解與吾誰疾遲
汝第一早來 勿令吾垢

신수선사(神秀禪師)은,
사람들이 혜능대사의 법이 빠르고 곧게 길을
가리킨다고 말하는 것을 흔히(常) 보았다.

신수선사(神秀禪師)께서

마침내 문인 지성(志誠)스님과 주고받으며 말하였다.

너는 총명하고 지혜가 많으니,

네가 직접(吾;自身) 건너(氵)가 조계산에 이르러(至)

혜능대사의 처소에 도착(到着)하면 예배하고 듣기만 하고,

너를 내가 보내서 왔다고 말하지 말라.

(듣게 되는) 은덕(恩德)의 취지(意旨)을 기억하였다가(記取)

돌아와서 나에게 말하라.

(그래서) 혜능의 견해(見解)와 나의 견해(見解)가

누가 빠르고 더딘지를 보게 하여라.

너는 첫째로 빨리 오너라.

(혹여) 내게 걱정(垢;번뇌) 끼치지 말라.

志誠 奉使歡喜 遂半月中間 卽至漕溪山.

見惠能和 當禮拜卽聽 不言來處

志城 聞法 言下便悟 卽契本心 起立卽禮拜 自言

和尙 弟子從玉泉寺來 秀師處 不德契悟

聞和尙說 便契本心 和尙 慈悲 願當散示

지성(志誠)스님은 시킴(分付)를 기쁨으로 받들어

반달쯤 걸려서(氵)…, 조계산(曹溪山)에 도달하였다.

혜능화상(慧能和尙)을 만나 마땅히 예배하고

곧 법문을 듣게 되었지만 온 곳까지는 말하지 않았다.

(그런데) 감정(志)이 재(城)를 넘듯 복받쳐

어렵게 법문을 들었는데

법문의 말끝에 문득 깨달아 곧 본래의 마음에 계합하였다.

(그런 후에) 일어서서 예배하고 자신감 있게 말하였다.

화상이시여, 제자는 옥천사(玉泉寺)에서 왔습니다.

신수선사의 처소(處所)에서 깨침에 계합한 은덕이 없사오나

화상(和尙)의 법문을 듣고

문득 본래의 마음에 계합하였습니다.

화상(和尙)께서는 자비의 가르침(示)으로

풀어(散) 주시기 바라옵니다.

惠能大師曰 汝從被來 應是細作

혜능대사께서 말씀하셨다.

너도 가사(被褐)를 쫓아오던

마땅히 세작(細作)이 맞겠구나!

志誠曰 未說時卽是 說乃了卽是

지성(志誠)이 말하였다.

말씀하실 때에 그렇지 않지만,

말씀을 끝내시기 이전(乃:以前)에는 그랬습니다.

六祖言 煩惱卽是菩提 亦復如是

육조대사께서 말씀하셨다.
번뇌가 곧 보리임도 또한 이와 같으니라.

大師謂志誠曰 吾聞與禪師敎人 唯傳戒定慧
與和尙 敎人戒定慧 如何 當爲吾說

대사께서 지성(志誠)에게 말씀하셨다.
내가 들으니 신수선사(神秀禪師)께서는 사람들을 가르치기를
오직 계·정·혜(戒.定.惠)를 전한다고 하는데,
신수스님이 사람들에게 가르치는 계·정·혜는 어떤 것인가?
그대(吾)가 마땅히 말해 보라.

志城曰 秀和尙 言戒定慧,
諸惡不作 名爲戒, 諸善奉行 名爲惠, 自淨其意 名爲定,
此卽名爲戒定惠 彼作如是說 不知和尙所見 如何

지성(志誠)이 재(城)를 넘듯 조심하며 말하였다.
신수화상(神秀和尙)이 계·정·혜를 말하기를,

모든 악(惡)을 짓지 않는 것을 계(戒)라고 하고,

모든 선(善)을 받들어 행하는 것을 혜(惠)라고 하며,

스스로 그 뜻을 깨끗이 하는 것을 정(定)이라고 하여

이렇게 이름 하는 것이 곧 계,정,혜(戒,定,惠)입니다.

이처럼 말씀이 그렇거니와

神秀和尙의 견해(見解)가 어떤 것인지는 알지 못하옵니다.

惠能和尙答曰, 此說 不可思議 惠能所見 又別.

志城 問 何以別.

혜능화상께서 대답하시기를,

그 설법(說法)은 불가사의(不可思議)하지만

혜능의 소견(所見)과는 또 다르니라.

지성(志誠)이 어렵게(城) 묻게 되었다.

어떻게 다릅니까?

惠能答曰 見有遲疾.

志城 請和尙 說所見戒定惠.

혜능스님께서 대답하시길,

견해(見解)에 더디고(遲) 빠름(疾)이 있느니라.

지성(志誠)이 조심스럽게(城),

혜능화상(慧能和尙)께 청(請)했다.

계·정·혜(戒定惠)에 대한 소견(所見)을 말씀해 주십시오.

大師言 如汝聽悟說 看悟所見處 .

心地無非自姓戒, 心地無亂 是自姓定, 心地無癡 自姓是惠.

대사께서 말씀하셨다.

너는 깨침의 설법을 듣고 깨침의 견처(見處)를 보거라.

마음의 땅에 그릇됨이 없는 것이 自性(自姓)의 계(戒)요,

마음의 땅에 어지러움이 없는 것이 自性(自姓)의 정(定)이요,

마음의 땅에 어리석음이 없는 것이 自性(自姓)의 혜(惠)니라.

能大師言 汝戒定惠 勸小根諸人

吾戒定惠 勸上人

得吾自 亦不立戒定惠

혜능대사께서 말씀하셨다.

너의 계·정·혜는

작은 근기(下根機)의 사람들에게 권하는 것이요,

나의 계·정·혜는

높은 근기(上根機)의 사람들에게 권하는 것이니,

자기(吾)의 자성을 깨쳐 얻으면

또한 계·정·혜도 세우지 않느니라.

志城言 請大師說不立 如何

지성(志誠)이 조심스럽게(城) 말하였다.

대사께 청하옵니다.

세우지 않는다(不立)는 말씀은 어떤 것입니까?

大師言 自姓 無非無亂無癡

念念般若觀照 當離法相 有何可立

自姓頓修 立有漸 此契以不立

대사께서 말씀하셨다.

자기의 性品(姓氏)은 그릇됨도 없고, 어지러움도 없으며,

어리석음도 없다. 생각마다 지혜(般若)로 관조(觀照)하여

당연히 법의 형상을 떠났는데, 무엇을 세우겠는가.

자기의 性品(姓氏)을 단박 닦으라. 세우면 점차(漸次)가 있으니

이 돈교(頓敎)는 세우지 않음(不立)으로 계합(契合)하니라.

志誠 禮拜 便不離漕溪山 卽爲門人 不離大師左右

지성(志誠)은 예배하고서

바로 조계산(曹溪山)을 떠나지 아니하고

곧 문인(門人)이 되어 대사의 좌우(左右)를 떠나지 않았다.

25. 佛行 - 부처님의 행

又有一僧 名法達

常誦法華經七年 心迷不知正法之處,

經上 有疑 大師 智慧廣大 願爲時疑

또 한 스님이 있었는데 이름이 법달(法達)이다.

항상 법화경(法華經)을 외워 칠년(七年)이 되었으나

마음이 미혹하여 바른 법의 당처(正法之處)를 알지 못하였다,

(묻기를) 경(經)에 대한 의심이 있사옵니다.

지혜가 넓고 크신 대사께서

바라건대 의심을 멈추게(時;休息)하여 주소서.

大師言 法達 法卽甚達 汝心不達

經上無癡

汝心自邪 而求正法

吾心正定 卽是持經

吾一生已來 不識文字

汝將法華經來 對吾讀一遍

吾問卽之

대사께서 말씀하셨다.

법달(法達)아, 법에는 깊이 통달하였으나
너의 마음을 통달하지 못하였구나.
경의 내용(內容)에는 어리석지 않거늘
너의 마음이 스스로 삿되면서 바른 법을 구하는구나.
자기(吾)가 마음을 바르게 정(正定; 바로 집중)하면
마찬가지로(亦是; 卽是) 경전을 지니는 것이니라.
나(吾)는 한평생 동안 문자를 알지 못한다.
네가 법화경(法華經)을 가지고 와서
나(吾)를 마주하여 한 편을 읽어라
그것은 곧 그대(吾)가 묻는 것이니라.

法達 取經到 對大師讀一遍.

법달(法達)스님이 경을 가지고 와서,
대사를 마주하고 한 편을 읽었다.

六祖問已 卽識佛意 便汝法達說法華經

육조스님께서 들으시고 곧 부처님의 뜻을 알고서
이내 법달(法達)에게 법화경(法華經)을 말씀하시었다.

六祖言法達 法華經 無多語

七卷 盡是譬喻因緣

如來廣說三乘 只爲世人根鈍

經聞公明 無有餘乘 唯一佛乘

육조스님께서 말씀하셨다.

법달(法達)아, 법화경에는 많은 말이 없느니라.

일곱 권이 모두 비유와 인연이니라.

부처님께서 널리 삼승(三乘)을 말씀하심은

다만 세상의 근기가 둔한 사람을 위함이다.

경전의 문장에서 분명히 다른 승이 있지 아니하고

오직 일불승(一佛乘)뿐이라고 하셨느니라.

大師 法達 汝聽一佛乘 莫求二佛乘 迷却汝聖

經中 何處是一佛乘 汝與說

대사께서 말씀하셨다. 법달아,

너는 일불승(一佛乘)을 듣고 이불승(二佛乘)을 구하여

신성(神聖)한 너의 일불승을 미혹되게 하지 말라.

경 가운데에 어느 곳이 일불승(一佛乘)인지를

너에게 말하리라.

經云, '諸佛世尊 唯汝一大事因緣故 出現於世'.
(已上 十六字是正法)法如何解 此法 如何修 汝聽吾說

경에 말씀하기를, 모든 부처님과 세존께서
오직 너희(汝)를 위하여 일대사인연(一大事因緣)으로
세상에 나타나셨다고 하셨느니라.
(이상 16자는 바른 법이니,)
(이러한) 법을 어떻게 알아야 하며
이러한 법을 어떻게 닦을 것인가?
너는 나의 말을 들어야하니라.

人心 不思 本源 空寂 離却邪見 卽一大事因緣.
內外不迷 卽離兩邊,
外迷著相 內迷著空.
於相離相 於空離空 卽是不迷.
悟此法 一念 心開 出現於世

사람의 마음에서 생각하지 않고
본래의 근원이 비고 고요하면
삿된 견해를 떠나게 되나니
이것이 곧 일대사인연(一大事因緣)이니라.
안팎이 미혹하지 않으면 곧 양변(兩邊)을 떠나는데,

밖으로 미혹하면 형상에 집착하고

안으로 미혹하면 공에 집착하느니라.

형상에서 형상을 떠나고 공에서 공을 떠난 것이

곧 미혹하지 않는 것이요.

(그러므로) 이 법을 깨달아 한 생각에 마음이 열리면

세상에 나타나는 것(出現於世)이니라.

心開何物 開佛知見

佛 猶如覺也 分爲四門

開覺知見 示覺知見 悟覺知見 入覺知見

開示悟入 上一處入

卽覺知見 見自本性 卽得出世

마음에 무엇을 여는가? 부처님의 지견을 여는 것이다.

부처님은 깨달음이니라. 네 가지(開示悟入) 문으로 나뉘나니,

깨달음의 지견을 여는 것(開)과

깨달음의 지견을 보이는 것(示)과

깨달음의 지견을 깨침(悟)과

깨달음의 지견에 들어가는(入) 것이니라.

열고 보이고 깨닫고 들어감(開示悟入), 이상(以上)은

한 곳으로 들어가는 것이다. 곧 깨달음의 지견으로

자기의 본래 성품을 보는 것이 곧 세상에 나오는 것이니라.

大師言法達. 悟常 願一切世人 心地常自,

開佛知見 莫開衆生知見.

世人心 愚迷 造惡 自開衆生知見,

世人心 正起 智惠觀照 自開佛智見,

莫開衆生智見 開佛智見 卽出世

대사께서 법달(法達)에서 말씀하셨다.

모든 세상 사람에게 바라는 것은

항상 자기의 마음자리를 깨쳐서

부처님의 지견(知見)을 열고

중생의 지견을 열지 않는 것이니라.

세상 사람의 마음이 어리석고 미혹하여 악(惡)을 지으면

스스로 중생의 지견(知見)을 여는 것이고,

세상 사람의 마음이 바름을 일으키고 지혜로써 관조하면

스스로가 부처님의 지견(智見; 知見)을 여는 것이니,

중생의 지견을 열지 않고,

부처님의 지견을 열면,

곧 세상에 나오는 것(出世)이니라.

大師言法達 此是法達 經一乘法

向下分三 爲名人故

汝但於一佛乘

대사께서 법달(法達)에게 말씀하셨다.

법달(法達)아, 경(經)에서 일승법(一乘法)을

하향(下向)하여 삼승(三乘)으로 나눈 것은[58]

삼승인(三乘人; 聲聞,菩薩,緣覺)을 위한 것(名)이니,

너는 오직 삼승(三乘)보다는 일불승(一佛乘)이니라.

大師言法達 心行 轉法華 不行 法華轉

心正 轉法華 心邪 法華轉

開佛智見 轉法華 開衆生智見 被法華轉

대사께서 법달(法達)에게 말씀하셨다.

마음으로 행하면 법화경을 굴리고,

마음으로 행하지 않으면 법화경에 굴리게 되나니,

마음이 바르면 법화경을 굴리고

마음이 삿되면 법화경에 굴리게 되느니라.

부처님의 지견(智見; 知見)을 열면 법화경을 굴리고

중생의 지견을 열면 법화경에 굴리게 되느니라.

---

58) 삼승(三乘), 聲聞乘 ; 四諦法, 곧 佛說의 소리를 듣고, 이를 觀하여 해탈을
얻음. 緣覺乘 ; 12因緣이니, 스승에 의하지 않고, 스스로 잎이 피고, 꽃이 지
는 이치를 觀하여 깨닫는 것. 菩薩乘 ; 6波羅蜜이니, 菩薩이 이 法에 의하여
스스로 解脫하고, 다른 이도 해탈케 하여 부처가 되는 것.

大師言 努力依法修行 卽是轉經

대사께서 말씀하셨다.
힘써 법에 의지하여 수행하면
이것이 곧 경을 굴리는 것이니라.

法達 一聞 言下大悟 涕淚悲泣 自言.
和尙 實未僧轉法華 七年 被法華轉
已後 轉法華 念念修行佛行

법달(法達)은 한 번 듣고 그 말끝에 크게 깨달아 눈물을 흘리고
슬피 울면서 스스로 말하였다.
화상이시여, 실로 마음 편히(僧) 법화경을 굴리지 못하고
칠년을 법화경에 굴리어 왔습니다.
지금부터는 법화경을 굴려서
생각마다 부처님의 행을 수행하겠습니다.

大師言 卽佛行 是佛
其時聽入 無不悟者

대사께서 말씀하셨다. 부처의 행이면 곧 부처이니라.
그때 받아들인(聽入) 이는 깨치지 않은 이가 없었다.

26. 參請 - 예배하고 법을 물음

時有一僧名智常 來漕溪山 禮拜和尚 聞四乘法義

그 때쯤 지상(智常)이라고 하는 한 스님이

조계산에 와서 화상(和尚)께 예배하고

사승법(四乘法)의 뜻을 듣게 되었느니라.

智常 聞和尚曰 佛說三乘 又言最上乘 弟子不解 望爲敬示

지상(智常)이 듣고서 화상(和尚)께 이르기를,

부처님은 삼승(三乘)을 말씀하시고

또 최상승(最上乘)을 말씀하셨습니다.

제자는 알지 못하옵니다.

경청(敬聽)하겠사오니 가르쳐(示) 주시기 바랍니다.

惠能大師曰 汝自身心見 莫著外法相.

元無四乘法,

人心不量四等 法有四乘.

見聞讀誦 是小乘, 悟解義是中乘, 衣法修行 是大乘.

萬法 盡通 萬幸俱備 一切無離 但離法相 作無所德 是最上
乘. 乘是最上行義 不在口諍 汝須自修 莫問悟也

혜능대사가 말씀하셨다.

너는 자신의 마음으로 보고 바깥 법의 모양에 집착하지 말라.

원래 사승법(四乘法)이란 없느니라.

사람의 마음이 한량이 없기에 네 가지로 나누어

법에 사승(四乘)이 있을 뿐이다.

보고 듣고 읽고 외움은 소승(小乘)이요,

뜻을 알아 깨치면 중승(中乘)이며,

법을 의지(衣支;依支)하여 수행함은 대승(大乘)이요,

모든 법을 다 통달하여

일체의 바라는 것을 구비하고 일체를 떠나지 않되

다만 법의 형상(相)을 떠나서 짓고 행(德)한 바가 없으면 최상
승(最上乘)이니라.

승(乘)은 최상으로 행한다는 뜻이요

입으로 다투는 것에 있지 않다.

너는 모름지기 스스로 닦고 깨침을 묻지 말라.

又有一僧名神會 南陽人也 至漕溪山 禮拜問言
和尚禪座見 亦不見

또 한 스님이 있었는데

이름이 신회(神會)이며 남양(南陽; 河南省) 사람이다.

조계산(曹溪山)에 이르러 예배하고 물었다.

화상(和尙)은 좌선(座禪; 坐禪)하시면서

보십니까? 또한 보지 않으십니까?

大師起把杖神會三下 却問神會 吾打汝 痛 不痛

神會答言 亦痛亦不痛

六祖言曰 吾亦見亦不見

神會又問 大師 何以亦見亦不見

대사께서 일어나서 신회를 세 차례 잡고 때리시고

다시 신회(神會)에게 물었다.

내가 너를 때렸다. 아프냐? 아프지 않으냐?

신회(神會)가 대답하였다.

아프기도 하고 아프지 않기도 합니다.

육조대사께서 말씀하셨다.

나는 보기도 하고 보지 않기도 하느니라.

신회(神會)가 또 물었다. 대사(大師)께서는

어째서 보기도 하고 보지 않기도 하십니까?

大師言 吾亦見 常見自過患 故云亦見

亦不見者 不見天地人過罪 所以亦見亦不也.

汝亦痛亦不痛 如何

대사(大師)께서 말씀하셨다.

내가 본다고 하는 것은

항상 자기의 허물을 보는 것이다. 그러므로 본다고 말한다.

보지 않는다고 하는 것은

하늘과 땅과 사람의 허물과 죄를 보지 않는 것이다.

그 까닭에 보기도 하고 (보지) 않기도 하느니라.

네가 아프기도 하고 아프지 않기도 함은, 어떤 것이냐?

神會答曰

若不痛 卽同無情木石

若痛 卽同凡 卽起於恨

신회(神會)가 대답했다.

만약 아프지 않다고 하면

곧 무정(無情)인 나무와 돌과 같고,

아프다 하면 곧 범부와 같아서

곧 원한을 일으킬 것입니다.

大師言 神會 向前 見不見 是兩邊 痛是生滅

汝自性 且不見 敢來弄人

대사(大師)께서 말씀하셨다.

신회야, 앞에서 본다고 한 것과 보지 않는다고 한 것은 양변
(兩邊)이요, 아픔(아프고 아프지 않음)은 생멸이니라.

너는 자성을 보지도 못하면서

감히 와서 사람을 희롱하려 드는가?

禮拜禮拜 更不言,

大師言 汝心不見 問善知識覓路.

以心悟自見 依法修行.

汝自名 不見自心 却來問惠能見否

吾不自知 代汝迷不得

汝若自見 代得吾迷 何不自修 問吾見否

(신회가) 예배하고 예배하였다.(叩頭로써 인정했다)

(대사가) 다시 더 말씀하지 않으시다가,(良久하시다가)

대사(大師)께서 말씀하셨다.

네 마음을 보지 못하면 선지식에게 물어서 길을 찾아라.

마음을 깨쳐서 스스로 보게 되면 법을 의지하여 수행하라.

네가 자기라 하는 것(名)인

자기 마음을 보지 못하면서

도리어 와서 혜능에게 보지 않음을 묻느냐?

네가 스스로 알지 못한다면

너의 미혹함을 대신할 수 없지만

네가 만약 스스로 본다면

너의 미혹함을 대신할 수 있으리라.

어찌 스스로 닦지 아니하고

나에게 보지 않음을 묻느냐?

神會作禮 便爲門人 不離漕溪山中 常在左右

신회(神會)가 예를 올리고 곧 문인(門人)이 되어

조계산(曹溪山) 산문을 떠나지 않고 항상 좌우에 머물렀다.

27. 對法 - 상대되는 법

大師遂喚門人, 法海, 志誠, 法達, 智常, 志徹, 志道, 法珍, 法如, 神會

대사께서 마침내 문인들, 법해(法海), 지성(志誠), 법달(法達), 지상(智常), 지통(志通), 지철(志徹), 지도(志道), 법진(法珍), 법여(法如), 신회(神會) 등을 불렀다.

大師言 汝等拾弟子 近前 汝等 不同餘人
吾滅度後 汝各爲一方頭 吾教汝說法 不失本宗

대사께서 말씀하셨다.
너희 열 명의 제자들은 앞쪽으로 가까이(近接) 오너라.
너희들은 다른 사람들과 같지 않아서,
내가 열반(滅度)뒤에 너희들은 각각 한 곳(方向)의
방장(方丈)이 될 것이니라.
(그러하니) 내가 너희들에게 설법하는 것을 가르쳐서
근본 종지(宗旨)를 잃지 않게 하겠노라.

擧科法門 動三十六對, 出沒 卽離兩邊.

說一切法 莫離於性相

若有人 問法 出語盡雙 皆取法對

來去相因 究竟 二法 盡除 更無去處

삼과법문(三科法門)을 들고서,

삼십육대(動三十六對)를 유동시켜,

나오고(出) 들어감(沒)에

곧 양변(兩邊)을 여의도록 하여라.[59]

모든 법을 설하되 성품(性)과 형상(相)을 떠나지 말라.

만약 사람들이 법을 묻거든

말을 다 쌍으로 해서 모두 대법(對法)을 취하여라.

가고 오는 것이 서로 인연하여 구경(究竟)에는[60]

두 가지 법을 다 없애고 다시 가는 곳마저 없게 하라.

三科法門者 蔭界入. 蔭是五蔭 界十八界 是十二入

삼과법문(三科法門)이란, 음(蔭). 계(界). 입(入)이다.

음(蔭)은 오음(五陰)이요, 계(界)는 십팔계(十八界)요,

입(入)은 십이입(十二入)이니라.

---

59) 중도(中道) 1) 세존의 正等覺 ; 녹야원(샤르나트)에서 다섯 비구에게 세존은
중도(中道)선언을 하셨다. 2)용수 ; 반야바라밀 3) 육조대사의 卽離兩邊 ; 양
변을 떠나는 것. 즉 중도(中道)를 말한다.

60) 宄 = 究의 초서체.

何名五蘊 色蘊,受蘊,相蘊,行蘊.識蘊 是

어떤 것을 오음(五陰)이라고 하는가? 색음(色陰)·수음(受蔭)·
상음(相蔭)·행음(行蔭)·식음(識蔭)이니라.

何名十八界 六塵,六門,六識

어떤 것을 십팔계(十八界)라고 하는가? 육진(六塵)·육문(六
門)·육식(六識)이니라.

何名十二入 外六塵 中六門

어떤 것을 십이입(十二入)이라고 하는가?
바깥의 육진(六塵)과 안의 육문(六門)이니라.

何名六塵 色聲香味觸法 是

어떤 것을 육진(六塵)이라고 하는가? 색(色)·성(聲)·향(香)·미
(味)·촉(觸)·법(法)이니라.

何名六門 眼耳鼻舌身意 是

어떤 것을 육문(六門)이라고 하는가? 눈(眼)·귀(耳)·코(鼻)·혀
(舌)·몸(身)·뜻(意)이니라.

法性 起六識 眼識耳識鼻識舌識身識意識 六門六塵.

自性 含萬法 名爲含藏識.

법의 성품(法性)이

六識[眼識,耳識,鼻識,舌識,身識,意識)]과

六門과 六塵을 일으키느니라.

자기 성품(自性)이 모든 법을 포함하여

함장식(含藏識)[61]이라고 하니라.

思量卽轉識 生六識 出六門六塵 是三六十八

생각(思量)[62]을 하면 곧 식이 작용하여 六識이 생겨

61) 제1식부터 제8식까지를 통틀어 생각 혹은 마음이라 하는데, 第八識: 숨어
있는 潛在意識으로, 작용하는 功能에 따라 異熟識, 阿賴耶識, 種子識, 含藏
識, 心王, 心所, 心이라 한다. 아뢰야식을 轉迷開悟의 要道로, 煩惱에 의해
더럽혀진 妄識인가, 自性으로서 淸淨한 眞識인가가 論難이 있어, 唯識宗은
妄識의 입장을 취하고, 華嚴宗은 起信論에 의해서 眞妄和合識의 입장을 취
했으며, 地論宗은 眞識의 입장을 취한다.

62) 제칠식(第七識): 마나스식(Manas識)이라 音譯하기도 하고, 七感, 轉識, 思
量識, 末那識이라고 한다. 5根에 의지해서 생기는 식을 前五識이라 부르는
데, 당장 느끼는 대로 생겨나는 식이다. 그리고 제6식인 意識이 전5식을 총괄
한다. 이와 같이 눈, 귀, 코, 혀, 몸, 마음(意)의 여섯 기관이 外部世界와 直接
接觸하면서 일어나는 인식이 6식인데, 그 중 제6식인 意識은 前五識과는 좀
다른 높은 차원의 식이어서 우리 大腦의 言語活動은 대체로 제6식인 意識에

六門과 六塵으로 나온다. 이것이 삼육은 십팔계이니라.

由自性邪 起十八邪 含自性十八正

자성이 삿되면 그러한 까닭으로
열여덟 가지 삿됨이 일어나지만,
자성에는 열여덟 가지 바름도 포함되어 있느니라.

含惡用卽衆生 善用卽佛 用油何等 油自性對

악의 작용을 지니면 곧 중생이요,
선이 작용하면 곧 부처이니라.
작용은 무엇으로 유동(流動)하는가?
자성의 대법으로 유동(流動)하니라.

外境無情 對有五

天與地對

日與月對

暗與明對

陰與陽對

속하며, 이 제6식까지를 보통 表層意識(本心이 아님)이라 한다. 제6식의 뿌리가 되는 것이 自我意識에 해당하는 제7식인 末那識이며, 제6식보다 한 단계 깊은 마음의 세계라고 해서 제7식부터는 深層意識(나의 實體인 本心)이라 한다.

水與火對

바깥 경계인 무정(無情)에 다섯 대법(對法)이 있으니,

① 하늘과 땅이 상대(相對)요,

② 해와 달이 상대이며,

③ 어둠과 밝음이 상대이며,

④ 음과 양이 상대이며,

⑤ 물과 불이 상대이니라.

語與言對, 法與相對 有十二對,

有爲無爲有色無色對,有相無相對,有漏無漏對,色與空對,

動與靜對, 淸與濁對, 凡與性對, 僧與俗對,

老與少對, 大大與少少對, 長與短對, 高與下對

언어(語言)의 대법과 법상(法相)의 대법으로는

열두 가지가 있느니라.

① 유위(有爲)와 무위(無爲),

　유색(有色)과 무색(無色)이 상대이며,

② 유상(有相)과 무상(無相)이 상대이며,

③ 유루(有漏)와 무루(無漏)가 상대이며,

④ 물질(色)과 공(空)이 상대이며,

⑤ 움직임(動)과 고요함(靜)이 상대이며,

⑥ 맑음(淸)과 흐림(濁)이 상대이며,

⑦ 범(凡)과 성(性:聖)이 상대이며,

⑧ 승(僧)과 속(俗)이 상대이며,

⑨ 늙음(老)과 젊음(少)이 상대이며,

⑩ 큼(大)과 작음(少)이 상대이며,

⑪ 김(長)과 짧음(短)이 상대이며,

⑫ 높음(高)과 낮음(下)이 상대이니라.

自性居起用對 有十九對

邪與正對, 癡與惠對, 愚與智對, 亂與定對, 戒與非對,

直與曲對, 實與虛對, 嶮與平對, 煩惱與菩提對, 慈與害對,

喜與嗔對, 捨與慳對, 進與退對, 生與滅對, 常與無常對,

法身與色身對, 化身與報身對, 體與用對, 性與相對.

자성을 일으켜 거기에 사용하는 대법으로는
열아홉 가지가 있다.

① 삿됨(邪)과 바름(正)이 상대요,

② 어리석음(癡)과 지혜(惠)가 상대이며,

③ 미련함(愚)과 지혜(智)가 상대요,

④ 어지러움(亂)과 선정(定)이 상대이며,

⑤ 계(戒)와 잘못됨(非)이 상대이며,

⑥ 곧음(直)과 단아(典)가 상대이며,

⑦ 찬것(實)과 빈것(虛)가 상대이며,

⑧ 험함(險)과 평탄함(平)이 상대이며,

⑨ 번뇌(煩惱)와 보리(菩提)가 상대이며,

⑩ 자비(慈)과 마땅(宜)이 상대이며,

⑪ 기쁨(喜)과 성냄(瞋)이 상대이며,

⑫ 버림(捨)과 아낌(慳)이 상대이며,

⑬ 나아감(進)과 물러남(退)이 상대이며,

⑭ 남(生)과 없어짐(滅)이 상대이며,

⑮ 항상함(常)과 덧없음(無常)이 상대이며,

⑯ 법신(法身)과 색신(色身)이 상대이며,

⑰ 화신(化身)과 보신(報身)이 상대이며,

⑱ 본체(體)와 작용(用)이 상대이며,

⑲ 성품(性)과 모양(相)이 상대이니라.

有情無情對 言語與法相 有十二對

內外境有無五對 三身有三對…(自性居起有十九對)

都合成三十六對法也.

此三十六對法 解用 通一切經 出入 即離兩邊

유정·무정의 대법인 언어(語言)과 법상(法相)에

열두 가지 대법이 있고,

바깥 경계인 무정(無情)에 다섯 가지 대법이 있으며,

삼신(三身)의 세 가지(法身,報身,化身) 대법을 포함하는…

(자성을 일으켜 거기에 사용하는 대법 열아홉 가지)

모두 서른여섯 가지 대법을 이루니라.

이 삼십육 대법을 알아서 쓰면

일체의 경전에 통하고 출입에 곧 양변을 떠나게 되니라.

如何自性起用

三十六對 共人言語

出外 於離相, 入內 於空離空,

著空卽惟長無名 著相惟邪見

어떻게 자성(自性)을 기용(起用)하는가?

삼십육 대법이, 사람의 언어와 더불어 함께하나

밖으로 나와서는, 형상(相)을 떠나고,

안으로 들어와서는 공에서 공을 떠나야하느니라,

공(空)에 집착하면

무명(無明)이라 하는 것(名)만 늘어나고(惟長),

형상(相)에 집착하면 사견(邪見)만 늘어(惟)나느니라.

謗法 直言不用文字.

旣云不用文字, 大不合言語 言語卽是文字.

법을 비방(誹謗)하면서 곧장 말하기(直言)를,

문자를 쓰지 않는다고 한다.

이미, 문자를 쓰지 않는다고 말한 것이라면,

언어도 곧 문자이기 때문에

크게 말하지(큰 소리 치지)도 않았어야만 옳은(合當) 것이다.

自性上說空, 正語言本性 不空迷自惑 語言除故

자성에 대해서 먼저 공을 말하나

본래 성품을 바로 말하자니,

미혹하면 자성이 공하지 않나니

말이 없어야 하는 까닭이다.

暗不自暗 以名故暗

暗不自暗 以名變暗

以暗現明 來去相因

三十六對 亦復如是

어둠이 스스로 어둡지 아니하나

어두운 것(名)으로써 어두운 까닭이며,

어둠이 스스로 어둡지 아니하나

어두운 것(名)으로써 어둠이 변하고,

어둠으로써 밝음이 나타나고 이로 인해 서로 오고 감이니,
삼십육 대법도 또한 이와 같으니라.

大師言 十弟子
已後傳法 遞相敎授一卷壇經 不失本宗
不稟受壇經 非我宗旨
如今得了 遞代流行
得遇壇經者 如見吾親授

대사께서 열 명의 제자들에게 말씀하셨다.
이후에 법을 전하되 서로가 이 한 권의 단경(壇經)을
가르쳐 주어 본래의 종지(宗旨)를 잃지 않게 하라..
단경을 이어받지 않는다면 나의 종지가 아니니라.
이제 얻었으니 대대로 유행하여 행하게 하라.
단경을 만나 얻은 이는 내가 나타나 친히 주는 것과 같으니라.

拾僧 得敎授已 寫爲壇經 遞代流行 得者必當見性

열 명의 스님들이 가르침을 받아 마치고
단경(壇經)을 베껴 대대로 널리 퍼지게 하였으니,
(이것을) 얻은 이는 반드시 자성(自性)을 볼 것이다.

28. 眞假 – 참됨과 거짓

大師先天二年八月三日 滅度.

七月八日 喚門人告別,

大師天元年 於樟州國恩寺造塔

至先天二年七月告別.

대사께서는 선천(先天)[63] 이년(二年)

팔월 삼일(713년 8월 3일)에 입멸하셨다.

칠월 팔일(7,8)에 문인들을 불러 작별을 예고하시기 (전에),

先天元年(712) 담주(樟州)[64] 국은사(國恩寺)에 탑을 세우셨고,

先天二年(713,7,8) 칠월에 이르러 작별을 알리게 된 것이다.

大師言 汝衆 近前

五至八月欲離世間

汝等 有疑早問

---

63) 선천(先天) : 당나라 현종 때의 연호(712~713년).

64) 樟州(담주) : 현재의 新興縣의 國恩寺 아래는 겨우 龍潭寺정도이고, 隋唐時代
에 長沙(현제의 湖南省 長沙市)가 潭州로 바뀐 적이 있지만 물과 관련되어
있을 뿐이다. 여러 지역을 가정할 때 혜능의 도피로가 형양을 거쳐 大庚嶺이
라고 한다면, 樟州(담주)는 취엔저우현(全州縣) 지역으로 추정되며, 國恩寺
는 여러 곳에 실재했을 가능성이 있다. 우리에게 익숙한 dam은 우리말이다.
담은 kan에서 유래하였으며, 지역적으로 dan 또는 tan으로 발음한다. 해서
國恩寺는 檀君祠堂이라는 잠정적 결론에 이르렀다. 硏究課題로 남긴다.

爲外破疑 當令迷者盡 使與安樂

吾若去後 無入教與

대사께서 말씀하셨다. 너희들은 앞으로 가까이 오너라.

육신(五蘊)이 팔월이 되면 세상을 떠나고자 하니

너희들이 의심이 있으면 일찍 물어라.

너희들은 의심을 부수어, 마땅히 모든 미혹한 것들로부터

너희를 안락하게 하리라.

내가 떠난 뒤에는 너희들을 가르쳐 줄 사람이 없으리라.

法海等衆僧 聞已 涕淚悲泣

唯有神會 不動亦不悲泣

六祖言

법해(法海)등 여러 스님들이 듣고서

눈물 흘리며 슬피 울게 되었으나,

오직 신회만이 꼼짝하지 아니하고 울지도 않으니

육조스님께서 말씀하셨다.

神會小僧 却得善等 毀譽不動,

除者 不得 數年 山中 更修何道.

汝今悲泣 更有阿誰.

憂吾不知去處在

若不知去處 終不別汝

汝等悲泣 卽不知吾處

若知去處 卽不悲泣

어린 신회(神會)가 도리어 잘하는 것들도 있어,

비방하고 칭찬함에 움직임이 없으나,

다른 이들이 그렇지 못했다면

산중에서 몇 해 동안 재차 무슨 도를 닦은 것인가?

너희가 지금 슬피 우는 것은

또 누구에게 아첨(阿諂)하는 것인가?

내가 가서 있을 곳을 내가 알지 못할까봐

우려(憂慮)하는 것인가?

만약 내가 가는 곳을 알지 못한다고 해도

마침내 너희와 작별하지 않겠느냐?

너희들이 슬피 우는 것은 곧 나의 가는 곳을 몰라서이다.

만약 가는 곳을 안다면 곧 슬피 울지 않으리라.

性聽 無生無滅 無去無來

汝等 盡座 吾與如一偈

眞假動淨偈 與等 盡誦取

見此偈意 汝吾同

於此修行 不失宗旨

僧衆禮拜請大師 留偈敬心受特

청취(聽取)하라. 성품(性品)은,

남도 없고 멸함도 없으며 감도 없고 옴도 없느니라.

너희가 다 좌정(坐定)하면 내 너희에게 한 게송을 주겠노라.

진가동정게(眞假動靜偈) 등을 남기노니 다 외어 지녀

이 게송의 뜻을 알면 너희는 나와 같을 것이다.

(부디) 이 수행의 종지(宗旨)를 잃지 말라.

스님들은 대사께 청하는 예배와

공경하는 마음으로 남기신 게송을 특별하게 받았다.

偈曰

게송에 말씀하셨다.

一切無有眞　　不以見於眞.

若見衣眞者　　是見盡非眞.

모든 것은 참으로 있는 것이 아니니

참을 보려 하지 말라.

참을 의지(依支)하여 본다 해도

그 보는 것이 다 참은 아니니라.

若能自有眞　　離假卽心眞.
自心不離假　　無眞何處眞.

만약 능히 자신에게 참이 있다면
거짓(假)을 떠나는 것이 곧 참 마음이다.
자기의 마음이 거짓(假)을 여의지 않으면
참이 없거니, 어느 곳에 참이 있겠는가?

有性卽解動　　無性卽不動.
若修不動行　　同無情不動.

성품이 있다면 곧 움직일 줄을 알고
성품이 없다면 움직이지 않나니
만약 움직이지 않는 행을 닦는다면
무정(無情)의 움직이지 않음과 같음이라.

若見眞不動　　動上有不動.
不動是不動　　無情無佛衆.

만약 참으로 움직이지 않음을 본다면
움직임 위에 움직이지 않음이 있나니
움직이지 않음이 움직이지 않음이면

160

무정(無情)이라 부처의 씨앗도 없도다.

能善分別相　　第一義不動.
若悟作此見　　則是眞如用.

능히 모양을 잘 분별하되
첫째 뜻은 움직이지 않음(体)이니,
만약 깨쳐서 이 견해를 지으면
이것이 곧 진여(眞如)의 용(用)이니라.

菩提學道者　　努力須用意.
莫於大乘門　　却執生死智.

모든 도를 배우는 이에게 말하노니
모름지기 힘써 뜻을 써서
대승(大乘)의 문에서
도리어 생사의 지혜에 집착하지 말라.

前頭人相應　　卽共論佛語.
若實不相應　　合掌令勸善.

앞의 사람이 서로 응하면

곧 함께 부처님 말씀을 의존하려니와

만약 실제로 서로 응하지 않으면

합장하여 선(善)을 권장하라.

此敎本無諍　　無諍失道意.

執迷諍法門　　自性入生死.

이 가르침은 본래 다툼이 없음이라

다툼이 없는데 도(道)의 뜻을 잃겠는가.

미혹함에 집착하여 법문을 다투면(誹謗)

자성이 생사(輪廻)에 들어가느니라.

29. 傳偈 – 게송을 전함

衆僧 旣聞 識大師意
更不敢諍 依法修行 一時禮拜.

대중스님들이 처음부터(旣) 다 듣고 대사의 뜻을 알아,
감히 다시 다투지 아니하고 법에 의지하여 수행하겠다며
한꺼번에 예배(誓約)하였느니라.

卽之大師不永住世 上座法海向前言
大師 大師去後 衣法 當付何人

대사께서 세상에 오래 머물지 않고 곧 가시기에
상좌(上座)인 법해(法海)가 앞으로 나와 말씀드렸다.
대사님, 대사께서 가신 뒤에 가사와 법을
누구에게 부촉(當府)하시겠습니까?

大師言 法卽付了 汝不須問
吾滅後二十餘年 邪法遼亂 惑我宗旨.
有人出來 不惜身命

163

第佛教是非 竪立宗旨,

卽是吾正法, 衣不合轉.

汝不信, 吾與誦 代五祖 傳衣付法誦.

若據第一祖達磨頌意 卽不合傳衣 聽 五與汝頌

대사께서 말씀하셨다.

법을 전하여 마쳤으니 너희는 모름지기 묻지 말라.

나의 멸도(滅度) 후 이십여 년에 삿된 법이

요란(遼亂:搖亂)하여 나의 종지(宗旨)를 현혹(眩惑)시킬 것이다.

그러나 어떤 사람(有人)이 나와 몸과 목숨을 아끼지(惜) 않고

불교의 옳고 그름을 차례대로 정(定)하여

종지(宗旨)를 세우리니, 이것이 곧 나의 바른 법이니라.

(그래서) 가사(袈裟)를 전하는 것은 합당(合當)치 않음이다.

너희가 (나의 기억력을) 믿지(不信)하겠지만

오대조사(五代祖師)들께서 가사를 전하고 법을 부촉하시며

외워주신 것(偈頌)들을, 내가 외어 주리라.

제 일조 달마조사의 계송의 뜻에 의거한다면

곧 가사를 전하는 것은 옳지 않음이라.

잘 들어라. 내가 너희에게 외워 주리라.

頌曰

게송에 말씀하셨다.

第一祖達磨和尙 頌曰

제1조 달마화상의 게송 말씀에,[65)]

吾大來唐國　　傳棱救名淸
一花開五葉　　結菓自然成

내가 본래(本來) 이 땅(玆土;梁, 大唐國의 觀點)에 와서

법(敎; 棱敎;엄한 가르침)을 전하고

구제(迷情;迷惑衆生)하여 청정(淸淨)케 한 것이니

한 꽃에 다섯 잎이 열리어

그 열매(結果)가 자연히 맺게 되리라.

第二祖惠可和尙 頌曰
제2조 혜가화상의 게송 말씀에,[66)]

---

65) 祖堂集, 菩提達磨傳法揭; 吾本來玆土(오본래자토) 傳敎救迷情(전교구미
정) 一花開五葉(일화개오엽) 結果自然成(결과자연성). 내가 본래 이 땅에 온
것은 교법을 전해 미혹한 중생을 구제하기 위함이니 한 꽃에 다섯 잎이 피어
나 열매가 자연히 맺게 되리라.

66) 慧可大師 傳法偈(2종); 本來緣有地(본래연유지) 因地種花生(인지종화생)
本來無有種(본래무유종) 花亦不曾生(화역부증생) 본래 心地라는 것이 있었
기에 그 心地로 인해 종자가 꽃이 피우지만, 본래부터 종자가 없었더라면 꽃
또한 더 필 수 없느니라.// 本來緣有地(본래연유지) 從地種花生(종지종화
생) 當本元無地(당본원무지) 花從何處生(화종하처생) : 본래 땅이 있는 까닭
에 땅으로부터 씨앗과 꽃이 피고, 애당초 땅이 없다면 꽃이 어느 곳으로부터
피어나리오.

本來緣有地　　從地種花生
當本願無地　　花從何處生

본래 땅이 있는 까닭에
땅으로부터 씨앗과 꽃 피나니
애당초 기대할(願)에 땅조차 없다면
꽃이 어느 곳으로부터 피어나리오.

第三祖僧璨和尚 頌曰
제3조 승찬화상의 게송 말씀에,[67]

花種雖因地　　地上種化生
花種無生性　　於地亦無生

꽃씨가 비록 땅을 인연하여 땅 위에 씨앗 꽃을 피우나
꽃씨는 나는 성품이 없나니 땅에도 또한 남이 없도다.

第四祖道信和尚 頌曰
제4조 도신화상의 게송 말씀에,

花種有生性　　因地種花生

---

67) 僧璨大師 傳法偈(2종) 花種雖因地(화종수인지) 從地種花生(종지종화생)
若無人下種(야무인하종) 花種盡無生(화종진무생) 꽃은 땅을 인연하여 피어
난다. 땅에서 꽃이 피기는 하지만 씨를 뿌리는 이가 없으면 꽃이 피어날 수가
없다.

先緣不和合　　一切盡無生

꽃씨에 나는 성품 있어 땅을 인연하여 씨앗 꽃이 피나
앞의 인연이 화합하지 않으면 일체가 다 나지 않도다.

第五祖弘忍和尚 頌曰
제5조 홍인화상의 게송 말씀에,[68]

有情來種下　　無情花卽生
無情又無種　　心地亦無生

유정(有情)이 와서 씨 뿌리니(種下; 下種)
무정(無情)이 꽃을 피우도다.
정(情)도 없고 씨앗도 없다면
마음 땅에 또한 남이 없도다.

第六祖惠能和尚 頌曰
제6조 혜능화상께서 게송으로 전하시다.[69]

心地含情種　　法雨卽花生

自吾花情種　　菩提菓自成

---

68) 五祖 弘忍大師 傳法偈. 有情來下種(유정래하종) 無情花卽生(무정화즉생)
　　無情又無種(무정우무종) 心地亦無生(심지역무생).
69) 慧能大師 傳法偈. 心地含情種 法雨卽花生 自悟花情種 菩提菓自成.

마음의 땅이 본성(情)의 씨앗을 머금으니
법의 비가 꽃을 피운다.
유정(情)의 씨앗이 자기(吾) 스스로 꽃 피우면
보리의 열매(菓;果)는 저절로 이루어지도다.

能大師言 汝等 聽吾作二頌

取達磨和尚頌意 汝迷人 依此頌修行 必當見性

혜능대사께서 말씀하셨다.
너희들은 내가 지은 두 게송을 들어라.
달마화상의 게송 뜻을 취하였으니
너희 미혹한 사람들은 이 게송을 의지하여 수행하라.
그러면 반드시 자성을 보리라.

第一頌曰
첫째 게송 말씀에,

心地邪花放　　五葉逐根隨
共造無明菜　　見被菜風吹

마음 땅에 삿된 꽃(邪花)이 핀다면
다섯 잎이 뿌리를 따라서

무명의 잎(業)을 함께 짓고
바람에 휩싸인 잎(業)을 보게 되리라.

第二頌曰
둘째 게송 말씀에,

心地正花放　　五葉逐根隨
共修般若惠　　當來佛菩提

마음 땅에 바른 꽃(正花)이 핀다면
다섯 잎이 뿌리[70]를 쫓아서
함께 반야의 지혜를 닦으니
장차 오실 부처의 깨달음이로다.

六祖說偈已了 放衆生散 門人出外思惟 卽知大師 不久住世

육조대사께서 게송을 설하심을 마치시고
대중(衆生)을 내치시어 흩어지게 하였다.
밖으로 나온 문인들이 헤아려보고,
대사께서 세상에 오래 머물지 않을 것임을 알았다.

---

70) 첫 번째 게송에서 根는 실뿌리를 나타내고, 두 번째 게송에도 根인데 실뿌리인 양쪽 가지를 제거한 줄기뿌리의 모습을 표현하기 위해 열십자만 남긴 글이기 때문에, 혹자는 恨으로 오해할 수 도 있다. 상대적으로 첫 번째 게송은 실뿌리라면 두 번째 게송은 줄기뿌리를 의미한다.

30. 傳統 - 법을 전한 계통

六祖後至八月三日 食後

大師言 汝等善位座 五今共與等別

그 뒤, 육조스님께서는

팔월 초삼일에 이르러 공양 끝에 말씀하셨다.

너희들은 똑바로(品位) 잘 앉아라.

이제 오온(五蘊)이 함께했던 무리에서 흩어지리라.

法海聞言 此頓敎法傳受 從上已來 至今幾代

법해가 듣고서 말하였다.

이 돈교법의 전수(傳受)는 예로부터 지금까지 몇 대입니까?

六祖言初傳受七佛 釋迦牟尼佛 第七, 大迦葉第八, 阿難第九,
末田地第十, 商那和修第十一, 優婆掬多第十二, 提多迦第
十三, 佛陀難提十四, 佛陀蜜多第十五, 脇比丘第十六, 富那
奢第十七, 馬鳴第十八, 毗羅長者第十九, 龍樹第二十, 迦那
提婆第廿一, 羅睺羅第廿二, 僧迦耶提第廿三, 僧迦耶舍第廿四,

鳩摩羅馱第卄五, 闍耶多第卄六, 婆修盤多第卄七,

摩拏羅第卄八, 鶴勒那第卄九, 師子比丘第卅, 舍那婆斯第卅

一, 優婆堀第卅二, 僧迦羅第三十三, 須婆蜜多第三十四, 南

天竹國王子第三子菩提達磨第三十五, 唐國僧惠可第三十

六, 僧璨第三十七, 道信第三十八, 弘忍第三十九,

惠能自身 當今受法第十四[71]

육조스님께서 말씀하셨다.

처음(過去)은 일곱 부처님(七佛)으로부터 전수(傳受)되었으니, 석가모니불은 그 일곱째이시다.

대가섭 제팔, 아난 제구, 말전지 제십[72], 상나화수 제십일,

우바국다 제십이, 제다가 제십삼, 불타난제 제십사,

불타밀다 제십오, 협비구 제십육, 부나사 제십칠,

마명 제십팔, 비라장자 제십구, 용수 제이십,

---

71) 西天二十八祖 1조 마하가(摩訶迦葉) 2조 아난다(阿難陀) 3조 상나화수(商那和修) 4조 우바국다(優婆鞠多) 5조 제다가(提多迦) 6조 미차가(彌遮迦) 7조 바수밀다(婆須蜜多) 8조 불타난제(佛陀難提) 9조 복태밀다(伏駄蜜多) 10조 협존자(脇尊者)11조 부나야사(富那夜奢;富那耶舍) 12조 마명(馬鳴) 13조 가비마라(迦毘摩羅) 14조 용수(龍樹) 15조 가나제바(迦那提婆) 16조 라후라다(羅侯羅多) 17조 승가난제(僧伽難提) 18조 가야사다(伽耶舍多) 19조 구마라다(鳩摩邏多) 20조 사야다(闍夜多) 21조 바수반두(婆藪槃頭) 22조 마나라(摩拏羅) 23조 학륵나(鶴勒那) 24조 사자(師子) 25조 바사사다(婆舍斯多)26조 불여밀다(佛如蜜多) 27조 반야다라(般若多羅) 28조 보리달마(菩提達磨)

72) 末田地(말전지): 아난의 제자 말전지. 상라화수 이전의 말전지 자체를 빼버리고, 제다가 다음에 미차가를 삽입하기도 한다.(佛祖宗派之圖) 그래서 말전지의 末글자가 未의 표기일 가능성도 열어둔다. 아니면 단순히 퇴색된 해서체인지 모르겠다.

가나제바 제이십일, 라후라 제이십이, 승가나제 제이십삼,

승가야사 제이십사, 구마라타는 제이십오, 사야타 제이십육,

바수반다 제이십칠, 마나라 제이십팔, 학륵나 제이십구,

사자비구 제삼십, 사나바사 제삼십일, 우바굴 제삼십이,

승가라 제삼십삼, 수바밀다 제삼십사,

남천축국(南天竺國) 왕자 셋째 아들 보리달마 제삼십오,

당나라 스님 혜가는 제삼십육, 승찬은 제삼십칠,

도신은 제삼십팔, 홍인은 제삼십구,

나 혜능이 지금 법을 받은 것은 제 사십대이니라.

大師言 今日已後 迎相傳受 須有依約 莫失宗旨

대사께서 말씀하셨다.

오늘 이후로는 서로 맞이하여 전수하고

모름지기 믿고 의지하여 종지를 잃지 말라.

31. 眞佛 – 참 부처님

法海又白 大師今去 留付何法 今後代人 如何見佛

법해가 또 아뢰었다.

대사께서 이제 가시면 무슨 법을 부촉하여 남기시고,

이제 후대의 사람이 어떻게 부처님을 보게 하시겠습니까?

六祖言 汝聽

後代迷人 但識衆生 即能見佛

若不識衆生 覓佛萬劫 不得見也

五今敎汝 識衆生 見佛

更留見眞佛解脫頌

迷即不見佛 悟者即見

육조스님께서 말씀하셨다. 너희들은 들어라.

후대의 미혹한 사람이

다만 중생을 알면 곧 능히 부처를 볼 것이다.

만약 중생을 알지 못하면 만겁토록

부처를 찾아도 보지 못하리라.

내가(五蘊) 지금 너희로 하여금(敎)

중생을 알아 부처를 보게 하려고

다시 참 부처(眞佛)를 보는

해탈의 게송(見眞佛解脫頌)를 남기리니,

미혹하면 부처를 보지 못하고 깨친 이는 곧 보느니라.

法海願聞 代代流傳 世世不絶

법해가 (眞佛解脫頌을) 듣고서 발원하기를,

대대로 유전하여 세세생생에 끊어지지 않게 하겠나이다.

六祖言 汝聽 吾汝與說

後代世人 若欲覓佛 但識佛心衆生

卽能識佛卽緣有衆 離衆生無佛心

육조스님께서 말씀하셨다. 너희는 들어라.

내 너희에게 말하여 주리라.

만약 후대의 사람들이 부처를 찾고자하면

오직 부처의 마음으로 중생으로 알라.

즉, 능히 부처를 알게 되는 것은 중생이 있는 까닭이다.

중생을 떠나서는 부처의 마음도 없느니라.

迷卽佛衆生　　悟卽衆生佛

愚癡佛衆生　　智慧衆生佛

미혹하면 부처가 중생이요 깨치면 중생이 부처이며

우치하면 부처가 중생이요 지혜로우면 중생이 부처이니라.

心劒佛衆生　　平等衆生佛

一生心若劒　　佛在衆生中

마음이 칼이면 부처가 중생이요

마음이 평등하면 중생이 부처이니

한평생 마음이 베어지면

부처가 중생 속에 있도다.

一念吾若平　　卽衆生自佛

我心自有佛　　自佛是眞佛

만약 자기의 한 생각이 평등하면 곧 중생 스스로가 부처이고

내 마음에 자기 부처가 있다면 자기 부처가 참 부처이니라.

自若無佛心　　向何處求佛

만약 자기에게 부처의 마음이 없다면
어느 곳을 향하여 부처를 구하리오.

大師言 汝等門人 好住

吾留一頌 名自性眞佛解脫頌

後代迷 門此頌意意 卽見自心自性眞佛

與汝此頌 吾共汝別

대사께서 말씀하셨다. 너희 문인들은 잘 살아라.

내가 게송 하나를 남기리니

자성진불해탈송(自性眞佛解脫頌)이라 이름 하느니라.

후대에 미혹한 사람도 이 해탈문의 게송 뜻을 기억(意)하면

곧 자기의 마음, 자기 성품의 참 부처를 보리라.

너희에게 이 게송을 주면서 나는 너희와 함께 작별하리라.

頌曰

게송으로 말씀하셨다.

眞如淨性是眞佛　　邪見三毒是眞摩

邪見之人摩在舍　　正見知人佛則過

진여(眞如)의 깨끗한 성품(淨性)이 진불(眞佛)이니

삿된 견해의 三毒(貪瞋癡)이 소멸되면 곧 참이니라.

삿된 견해를 가진 이는 소멸할 집착(三毒)이 있겠지만,

바로 보아, 진불을 아는 이는 곧 (執着을) 여의게 되리라.

性衆邪見三毒生　　卽是摩,王來住舍

正見忽則三毒生　　摩,變成佛眞無假.

성품 중에서 삼독이 삿된 견해를 일으키니,

먼저(王;으뜸) 나와(來)있는(住) 집착(三毒)부터 즉시 소멸하라

문득 바로 보이면 삼독으로 생겨난 私見까지

소멸시켜, 진불이 가차(假借)없이 나타나도록(變成토록) 하라.

化身報身及淨身　　三身元本是一身

若向身衆覓自見　　卽是 佛 菩提因

화신과 보신과 정신(淨身),

이 삼신(三身)은 원래 본체가 한 몸이니라.

만약 본체(化身) 가운데서

스스로 보는 것(見成하는 길)을 찾는(닦는)다면,

이것은 즉시 성불하는 깨달음의 씨앗(性因)이로다.

本從花身生淨性　　淨性常在花身中
性使花身行正道　　當來員滿眞無窮

본체인 化身으로부터 깨끗한 성품(淨性)이 나고,
淨性은 항상 化身가운데 있도다.
(만일) 본체인 化身을 따라
성품(淨性)을 바로(正道) 찾아간다면
장차 원만(員滿:圓滿)하고 참(眞佛)되어
무궁무진(無窮無盡)하도다.

婬性本身淸淨因　　除卽婬,無淨性身
性中但自離吾欲　　見性刹那卽是眞

淫欲의 성품은 본체(化身)의 깨끗한 씨앗(淨因)이니
淫欲을 제거한다면,
깨끗한 성품(淨性)의 본체(化身)도 없느니라.
다만 성품 가운데 있는 자기(吾)의 五欲
(色受想行識,五蘊에 집착하는 欲心)을 스스로 여의면,
찰나에 성품을 보나니, 그것이 곧 참(眞佛)이니라.

今生若吾頓敎門　　悟卽眼前見性尊
若欲修行云覓佛　　不知何處欲求眞

178

금생에 그대가 만약 돈교의 가르침을

깨친다면 곧 눈앞에(나타나는)

성품의 세계가 더 위력적(無盡)으로 보이리라.

만약 수행만 云云(作佛)하는 것으로

부처를 찾고자(求佛) 한다면

참(眞佛)을 찾아(求) 헤매도

어디에서 찾을지 알지 못하느니라.

若能身中自有眞　　有眞卽是成佛因

自不求眞外覓佛　　去覓惣是大癡人

만약 자신의 본체(化身) 가운데에

(찾는 것이) 참(眞佛)으로 있다면

참(眞佛)! 이것은 곧 성불하는 씨앗(性因)이니라.

자신의 본체에서 참(眞佛)을 구하지 않고

밖에서 부처를 찾는다면

이런 모든 것들은 밖에 가서 찾는 것이니

크게 어리석은 사람이니라.

頓敎法者是西流　　救度世人須自修

今保世間學道者　　不於此是大悠悠

頓敎의 가르침은

고불(古佛)이 서쪽으로 유전(流傳)한 소식(消息)이니

世癡人이 救濟받는 길(法度)은

스스로 닦는(改修) 것(見性)이니라.

지금까지도 밖(世間)에서 지켜보며 길을 찾는 이는,

이곳(頓敎)에서 見性하는 이보다 못하리니,

걸림이 많을 것(大悠悠)이니라.

32. 滅道 - 멸도

大師說偈已了 遂告門人曰

대사께서 게송에 대한 말씀을 마치시고
마침내 문인들에게 고별(告別)의 말씀이 있으셨다.

汝等 好住 今共汝別
吾去已後 莫作世情悲泣 而受人弔門錢帛
著孝衣 卽非聖法 非我弟子
如吾在日一種 一時端坐
但無動無淨 無生無滅 無去無來 無是無非 無住
但然寂淨 卽是大道
吾去已後 但衣法修行 共吾在日一種,
吾若在世 汝違敎法 吾住無益

너희들은 잘 있으라. 이제 너희들과 함께 작별하리라.
내가 떠난 뒤에 세상의 인정으로 슬피 울거나,
사람들의 조문과 돈과 비단을 받지 말며, 상복을 입지 말라.
그렇지 아니하면(卽)

성인의 법도가 아니기에 나의 제자도 아니니라.

내가 살아 있던 날과 한가지로 일시에 단정히 앉아서

다만 움직임도 없고 맑음도 없으며,

남도 없고 없어짐도 없으며, 감도 없고 옴도 없으며,

옳음도 없고 그름도 없으며, 머무름도 없이

다만 그렇게 고요하고 맑으면 이것이 대도(大道)이니라.

내가 떠난 뒤에 오직 법에 의지(衣支:依支)하여 수행하면

내가 있던 날과 한가지일 것이나,

내가 만약 세상에 있더라도 너희가 가르치는 법을 어기면

내가 머물러 있어도 이익이 없느니라.

大師云此語已 夜至三更 奄然遷花 大師春秋七十有六

대사께서 이 말씀을 마치시고

밤 삼경에 이르러 문득(奄) 그렇게 입멸(遷化;遷花)하시니,

대사의 세납(春秋)는 일흔 여섯이었다.

大師滅度諸日,

寺內異香氳氳

經數日不散,

山朋地動 林木變白

日月無光 風雲失色

八月三日 滅度

至十一月 迎和尚神座於漕溪山葬

在龍龕之內 白光 出現

直上衝天 二日始散

韶州刺使韋處立碑 至供養

대사께서 입멸하신 날 내내,

절 안은 기이한 향내와 기운이 가득하여

여러 날이 지나도 흩어지지 않더니,

산들의 땅이 진동하여 숲의 나무가 희게 변하고

해와 달은 광채가 없고 바람과 구름이 빛을 잃었느니라.

팔월 삼일에 입멸하시고 동짓달에 이르러

화상의 신좌(神座)를 모시고 조계산(曹溪山)에 장사지내니,

용감(龍龕;佛龕) 속에서 흰 빛이 나타나

곧장 하늘 위로 솟구치다가 이틀 만에 비로소 흩어졌다.

소주 자사 韋公(韋處厚)[73]이 그곳에 비(碑)를 세우고

지성(至誠)으로 공양(供養)하였느니라.

---

73) 위처후 [韋處厚, 773~829] : 서안(西安) 출신으로 당나라의 재상을 지냈다.
원명은 순(淳)이었지만 처후(處厚)로 개명하였다. 마조의 제자인 아호대의
(鵝湖大義) 선사의 유발 상좌이다. 혜능대사가 713년 入滅하였으므로 壇經
과 관계없는 人物이다. 後半部 가탁가능성까지 있지만 그럼에도 불구하고
編輯過程에서 이름자체가 擧論 되었다는 점은 돈황본의 제작시기를 추정할
最小限의 根據가 된다. 또 다른 가능성은 慧能時代에 韋氏 家門의 흥망성쇠
에도 불구하고 影響力이 존재했었음을 감안하면 전혀 다른 第三의 人物일
可能性이 있다.

33. 後記 - 후기

此壇經 法海上座集
上座無常 付同學道漈
道漈無常 付門人悟眞
悟眞 在嶺南溪漕山法興寺 見今傳受此法

이 단경(壇經)은 상좌인 법해(法海)가 모은 것이다.
상좌(法海)가 돌아가니 함께 배운 도제(道漈)에게 부촉하였
고, 도제스님이 돌아가니 문인 오진(悟眞)에게 부촉하였는데,
오진(悟眞)스님은 영남 조계산(曹溪山) 법흥사(法興寺)에서
지금도 이 법을 전수하시느니라.

如付山法 須德座上根
知心信佛法立大悲, 持此經以爲衣承 於今不絶.

산문(山門)의 법을 부촉 받은 것은
모름지기 상근기의 덕 있는 상좌와 같음이라.
마음(般若)으로서 불법을 믿는 대비심(大悲心)을 세웠기에
이 경을 수지하여, 의지하고 이어왔던 까닭으로

지금까지 끊어지지 않았느니라.

和尚 本是韶州曲江縣人也

如來入涅盤 法敎流東土 共傳無住

卽我心無住 此眞菩薩說

眞示 行實喩 唯敎大智人是旨衣

(法海)화상은 본래 소주 곡강현(曲江縣) 출신(人)으로,[74]

여래(古佛들)께서 열반(涅槃:涅盤)하시고

선법(小禪法)의 가르침이 양나라(梁,達磨:527)에 回流하게 되어

無住(大檀法; 壇經의 가르침)을 함께 전하게 되었음이라.

곧 우리 마음의 無住(머무름이 없음)에 대하여

이 (慧能)보살께서 진실하게 설하셨기에

오직 대지혜인(慧能)이 가르치신 뜻에 부합(衣支:依支)하는

진실한 비유를 행하여 알리어야(濟度,流傳,咐囑) 했느니라.

凡度誓修修行行 遭難不退

遇苦能忍 福德深厚 方授此法.

如根性不堪 林量不得,

須求此法 違立不德者 不得妄付壇經.

告諸同道者 令諸蜜意

---

74) 譬喩: 懸解於曲卽直說:

(南宗頓教最上大乘壇經法一卷)

무릇 제도(濟度)하기를 서원하고 수행하고 수행하되,

어려움을 만나도 물러나지 않고, 괴로움을 만나도 능히 참아,

복덕이 깊고 후덕해야만, 바야흐로 이 법을 전할 것이니라.

만약 근성이 감내하지 못하고, 숲을 헤아리지(眼目) 못하면서

단지 이 법이 요긴하여 구하는 것이라면,

이 법을 세움에 어긋나는 것이고 부덕(不德)한 것이라

망령되이 단경(壇經)을 부촉(咐囑)하지 말지니라.

(이로써) 도를 함께 하는 모든 이에게

자세(仔細)한 뜻(諸般事項)을 알리게 되었노라.

(남종돈교최상대승단경법 일권) 終

불교문예작품선

昔典本 六祖檀經

©석전, 2021, Printed in Seoul, Korea

초판 1쇄 인쇄 | 2021년 04월 28일
초판 1쇄 발행 | 2021년 05월 05일

역　해 | 석전선사
펴낸이 | 문병구
편집인 | 이석정
편　집 | 구름나무
디자인 | 쏠트라인saltline
펴낸곳 | 불교문예출판부

등록번호 | 제312-2005-000016호(2005년 6월 27일)
주　　소 | 03656 서울시 서대문구 가좌로2길 50
전화번호 | 02) 308-9520
전자우편 | bulmoonye@hanmail.net

ISBN : 978-89-97276-50-9(93220)
값 : 11,500원